总主编 胡云腾
学术总顾问 高铭暄

北京师范大学刑事法律科学研究院
外国刑法典译丛

列支敦士登刑法典

LIECHTENSTEINISCHES STRAFGESETZBUCH

郭理蓉◎译

法律出版社
LAW PRESS·CHINA
北京

图书在版编目(CIP)数据

列支敦士登刑法典 / 郭理蓉译. -- 北京 : 法律出版社, 2023
(北京师范大学刑事法律科学研究院外国刑法典译丛)
ISBN 978-7-5197-8263-4

Ⅰ. ①列… Ⅱ. ①郭… Ⅲ. ①刑法－法典－列支敦士登 Ⅳ. ①D955.23

中国国家版本馆 CIP 数据核字(2023)第 163971 号

列支敦士登刑法典
LIEZHIDUNSHIDENG XINGFADIAN

郭理蓉 译

策划编辑 朱 峰
责任编辑 马秋婧 金 姗
装帧设计 臧晓飞

出版发行 法律出版社
编辑统筹 辞书·融出版编辑部
责任校对 李慧艳
责任印制 吕亚莉
经 销 新华书店

开本 710 毫米×1000 毫米 1/16
印张 12.25 字数 181 千
版本 2023 年 9 月第 1 版
印次 2023 年 9 月第 1 次印刷
印刷 北京建宏印刷有限公司

地址:北京市丰台区莲花池西里 7 号(100073)
网址:www.lawpress.com.cn
投稿邮箱:info@lawpress.com.cn
举报盗版邮箱:jbwq@lawpress.com.cn
销售电话:010-83938349
客服电话:010-83938350
咨询电话:010-63939796

书号:ISBN 978-7-5197-8263-4
定价:50.00 元
凡购买本社图书,如有印装错误,我社负责退换。电话:010-83938349

总　序

刑法是惩罚犯罪与保障人权的重器，刑法典是法律体系中的大典。当今世界，各国无不重视制定和修订刑法，不仅实行成文法传统的大陆法系国家均制定了刑法典并不断加以修订，如德国、法国和日本等，而且实行案例法传统的英美法系国家也制定了单行的刑法或者统一的刑法典，前者如英国、美国，后者如印度、新加坡等。用刑法典或者成文刑法维护国家安全和根本利益，保障公民人身和财产权利，保护经济发展和社会稳定，已经成为各国通行的做法和全球化趋势。

新中国成立以来，党和国家高度重视刑事立法。新中国成立之初，中央人民政府就制定了《中华人民共和国惩治反革命条例》《妨害国家货币治罪暂行条例》《中华人民共和国惩治贪污条例》等单行法律，为惩治相关犯罪提供了明确依据。改革开放以后，全国人民代表大会在 1979 年颁布的 7 部重要法律中，就有《中华人民共和国刑法》，这是新中国制定的第一部具有刑法典性质的刑法。此后，为适应严厉打击刑事犯罪的需要，全国人大常委会相继制定了 20 多部单行刑法，并在一些行政和民商事法律中附带规定了刑法的内容。1997 年，全国人民代表大会出于统一刑事立法的考虑，通过系统整合 1979 年刑法、单行刑法和附属刑法规范，全面修订了《中华人民共和国刑法》，这实际上是一部名称上没有加“典”字的刑法典，首次实现了刑法体系的科学化和系统化。

1997 年刑法实施以后，刑法的修改一直采取修正案的形式，全国人大常委会现已出台了 11 个刑法修正案，在不打乱 1997 年刑法体系的基础上，增加、修改和完善了刑法的大量内容。与此同时，国家立法机关还制定了《中华人民共和国反有组织犯罪法》《中华人民共和国反电信网络诈骗法》等含有诉讼程序、工作机制和刑法规范的综合性刑事法律，开创了刑事立法的新模式。

需要指出的是，我国在制定和修改刑法的各个时期中，学术界和立法机关都注意研究、借鉴域外的刑事立法规范和经验。改革开放40多年来的立法实践证明，这种坚持“以我为主、为我所用”的做法是实现我国刑事立法不断与时俱进，促进刑法体系现代化的有益举措。进入新时代，为了贯彻习近平总书记2020年11月在中央全面依法治国工作会议上提出的“坚持统筹推进国内法治和涉外法治”的要求，贯彻落实党的二十大报告关于“统筹推进国内法治和涉外法治”和“以中国式现代化全面推进中华民族伟大复兴”的重大部署，我们更要注重研究借鉴域外法治经验。统筹推进国内法治和涉外法治，实现中国式现代化，其中重要的内容就是法治的现代化，而法治现代化建设需要国际视野，法治现代化的重要特征是法治国际化。故翻译其他国家刑法（典），博采众长为我所用、与我互动，是完善我国刑法、推进刑事法治现代化的必要条件，也是统筹推进国内法治和涉外法治的有力举措。正是出于贯彻落实党中央和习近平总书记统筹推进国内法治和涉外法治的要求，全面、系统地了解、研究、借鉴相关国家刑事立法的最新发展，北京师范大学刑事法律科学研究院与法律出版社密切合作，决定组织翻译、出版一批外国刑法（典）。

回顾历史，在中华法系从自成一体到开放兼收的转变历程中，翻译外国法律（典）的工程功不可没。经查询北京师范大学图书馆、首都图书馆及国家图书馆有关资料，我国翻译、出版代表性国家刑法（典）的活动肇始于清末修法运动，自1903年出版邱起霖笔述《印度刑律二卷》到2023年120年间，约有138部刑法（典）译作在国内出版。总体上讲，我国翻译和引介外国刑法（典）的历史大致划分为四个时期。

第一个时期是清末民初时期。清政府决定变法修律后，先于1904年设立了修订法律馆，后于1905年设立了考察政治馆。在考察西方国家主要是大陆法系国家法律的基础上，作出了变法要效法日本法律制度的抉择。之所以如此，正如时任清廷修律大臣沈家本所言，日本旧时制度，唐法为多。明治以后，采用欧法，不数十年，遂为强国，是岂徒慕欧法之形式而能若是哉？其君臣上下，同心同德，发愤为雄，不惜财力以编译西人之书，以研究西人之学，弃去糟粕而撷其英华，举全国之精神，胥贯注于法律之内，故国势日张，非偶然也。[①] 故在 1904 年与 1905 年出版的 10 部刑法(典)译作中，日本不同版本的刑法占了 7 部；至 1911 年辛亥革命前夕，以单行本、法规大全等形式出版的 37 部刑法(典)译作中，有关日本刑法的有 17 部。

第二个时期是辛亥革命胜利至新中国成立时期。辛亥革命虽然推翻了清王朝，但是清末修法的影响得以延续，尤其是在刑法方面，民国政府决定：晚清政府仿效大陆法系国家刑法制定并于 1911 年正式公布的"《大清新刑律》除与民国国体抵触各条应失效力外，余均暂行援用"，故而更名为《中华民国暂行新刑律》。之后，又聘请日本学者参与并参照欧陆日本刑事立法，尤其是德国、日本刑法，相继制定了 2 部《中华民国刑法》。与此同时，在革命根据地，苏联法律产生了重要影响。[②] 这一时期翻译出版的 7 部刑法(典)译作中，2 部为德国刑法、3 部为苏联刑法。

第三个时期是新中国成立至改革开放时期。新中国成立之后，苏联立法成为新中国借鉴的立法样本，正如日本学者铃木贤所言，"对于极其缺乏对西方法律研究积累的当时的中国而言，苏联法成为唯一的参考对象"。[③] 因此，在 1949 年至 1979 年之间翻译出版的 9 部刑法(典)译作中，有 3 部是苏联刑法；其余除 1957 年法律出版社出版的《印度刑法典》外，都为前苏联国家的刑法。需要指出的是，受国内形势影响，在 1962 年至 1979 年之间，并无外国刑法(典)译作出版。

第四个时期是改革开放至新时代时期。这一时期又可分为两个阶段。第一个阶段是 20 世纪 80 年代到 90 年代。在这段时期，虽然更多国家的刑法(典)被翻译进来，而且出现了英美法系国家的刑法(典)译本，但主要还是以大

---

① 参见沈家本：《新译法规大全序》，载沈家本撰：《历代刑法考》(四)，邓经元、骈宇骞点校，中华书局 1985 年版，第 2242 页。

② 参见范忠信、叶峰：《中国法律近代化与大陆法系的影响》，载《河南省政法管理干部学院学报》2003 年第 1 期。

③ 王志华：《苏联法影响中国法的几点思考》，载《华东政法大学学报》2008 年第 1 期。

陆法系国家刑法的译本为主。据不完全统计，在 1980 年至 2000 年之间翻译出版的 14 部刑法（典）译作中，绝大多数为德国、日本、韩国等属于大陆法系国家或地区的刑法，英美法系国家的刑法仅有 1998 年四川大学出版社出版的《印度刑法典》与 1999 年中国政法大学出版社出版的《加拿大刑事法典》。第二阶段为 2000 年之后。在这一阶段，随着改革开放的深入与法治进程的推进，刑法（典）翻译真正实现了百花齐放。截至 2020 年出版的近 70 部刑法（典）译作中，几乎囊括了各大法系、各大陆主要国家的刑法。

近 10 余年来，许多国家因应新的社会治理要求，频繁修改刑事立法。例如，德国从 1998 年起对其刑法进行了 100 余次修订，仅在 2021 年就修订了 8 次，对有关互联网犯罪、强迫卖淫罪以及儿童性犯罪的条款进行了大幅修订。自 2011 年以来，日本也 10 余次修订刑法，增设了部分缓刑制度，大幅修订性犯罪立法，并对照民法等前置法的修订调整了相关刑法条文。我国进入 21 世纪以来，为适应经济社会发展变化和预防惩治犯罪的新情况和新需要，不断修改完善刑事法律。尤其是 2013 年 9 月和 10 月，习近平总书记分别提出了建设“丝绸之路经济带”和“21 世纪海上丝绸之路”的合作倡议。截至 2023 年 1 月 6 日，中国已经与 151 个国家和 32 个国际组织，签署了 200 余份共建“一带一路”合作文件。① 中国企业“走出去”面临诸多法律风险，尤其是在企业刑事合规成为全球浪潮以来，如何应对有些国家借“长臂管辖”和企业刑事合规之名，对我国企业进行打压。规避可能发生的刑事法律风险，已经成为中国企业走出国门、保护自身合法权益必须重视的问题。

有鉴于此，北京师范大学刑事法律科学研究院充分发挥本院的专业化和国际化优势，法律出版社充分发挥多语种出版优势，共同设立“外国刑法典译丛”项目，全面系统翻译各主要国家的刑法（典）。首批遴选德国、日本、英国、美国等两大法系代表性国家，新加坡、哈萨克斯坦、俄罗斯等“一带一路”国家，以及希腊、墨西哥、芬兰等经济合作与发展组织（OECD）国家的 40 余部最新刑法

---

① 参见中国一带一路网，https://www.yidaiyilu.gov.cn/xwzx/roll/77298.htm，2023 年 2 月 10 日访问。

(典),组织精通英语、法语、德语、日语、俄语等语种的专业人士分批翻译出版。本译丛编审委员会由国内著名刑法学专家组成,特邀请人民教育家、国际刑法学协会名誉副主席暨中国分会名誉主席、中国刑法学研究会名誉会长、中国人民大学荣誉一级教授高铭暄先生担任译丛学术总顾问,最高人民法院大法官、中国法学会案例法学研究会会长胡云腾教授担任总主编,北京师范大学刑事法律科学研究院副院长兼安徽师范大学法学院院长周振杰教授与法律出版社副总编辑张雪纯先生担任编辑委员会主任。希望“外国刑法典译丛”能成为广大读者学习、研究、借鉴域外刑事法律的重要帮手,进而成为推动中国涉外刑事法治建设的外法资源。当然,由于经验不足,水平有限,书中定有不足不妥之处,尚请各位同人批评指正。

编辑委员会

2023 年 3 月 2 日

列支敦士登刑法典*

(1987年6月24日通过　1988年10月22日公布)

* 列支敦士登的官方语言是德语，本次采用的《列支敦士登刑法典》为英译版本（下载自列支敦士登政府网，https://www.regierung.li/law）。《列支敦士登刑法典》于1987年6月由列支敦士登议会通过。该法典自1988年公布以来至今经过多次修改，该英文版本的内容截至列支敦士登法律公报2023年第48号对该法典的修改，是目前最新版本。——译者注

目　　录

第一编　总　　则

第二编　分　　则

第一编

总　则

第一章　一 般 规 定

第一条　无法律则无惩罚

一、刑罚或者预防措施只能适用于法律明文规定应受处罚且在实施当时已规定了刑罚的行为。

二、不得对犯罪行为处比行为实施时法律规定的更严厉的处罚。只有在行为实施时法律规定了预防措施或类似性质的惩罚或预防措施的情况下,才可以下令采取预防措施。如果采取了仅在性质上具有可比性的预防措施,则犯罪人所受到的待遇不得低于行为实施时的有效法律所允许的待遇。

第二条　不作为犯

如果造成结果的原因依法是应受惩罚的,那么,行为人未能避免结果发生的,即使该人因负有特定的法定作为义务而必须这样做,同样也应受到惩罚,并且未避免结果发生的行为应被认为与通过作为实现犯罪要件的行为具有等价性。

第三条　自卫

一、任何人仅采取必要的自卫行为以击退对其本人或他人的生命、健康、身体完整性、自由或财产的正在或即将发生的非法攻击的,不应被认为违法。但是,如果很明显被攻击者仅处于轻微不利的风险并且防卫行为是不相称的,特别是考虑到击退攻击所必需的造成攻击者损害的严重性,则其防卫行为不应被认为是正当的。

二、防卫者由于惊愕、恐惧或惊吓而超过正当防卫程度或使用明显不适当的防卫措施的(第一款),只有当超过限度的行为是由于疏忽造成并且法律对该疏忽行为规定了刑罚的情况下，才应受到处罚。

第四条　无罪责则无惩罚

任何人不得被处罚，除非其实施了应受惩罚的行为。

第五条　故意

一、行为人希望实现与犯罪的法律要件相对应的事实，应被视为故意。在此情况下，行为人只要真的认为这些事实可能实现并且容忍这些事实即将实现，即已足够。

二、如果实现法律要求的有目的的行为的情节或结果对行为人来说很重要，则应认为行为人有目的地实施了行为。

三、对于法律要求明知的情节或结果，行为人不仅认为是可能的，而且认为其存在或发生是确定的，则应认为行为人明知而为。

第六条　疏忽

一、任何人在行为当时应当履行注意义务、基于其精神和身体条件有能力履行并且可以合理地期待其履行而没有履行，并且没有意识到其可能实现与犯罪要件相对应的事实的，应被视为疏忽。

二、任何人认为其有可能实现前述犯罪事实但又不希望如此的，也应被视为疏忽。

三、任何人以反常的或明显的方式违反注意标准，从而可以预见与犯罪法定要件相对应的事实的发生概率很高的，应被视为严重疏忽。[①]

第七条　故意和疏忽行为的刑事责任

一、除法律另有规定外，仅对故意行为承担刑事责任。

二、与该行为的特殊后果相关的更严厉的处罚仅适用于行为人至少因疏忽造成该后果的情况。

第八条　对合法事实的错误认识

任何人错误地相信可以使行为合法的事实，可以不被作为故意犯罪予以处罚。因疏忽而导致错误认识并且该疏忽行为应受刑罚处罚的，应当以疏忽犯罪

---

① 第六条第三款由列支敦士登法律公报 2019 年第 124 号增加。

处罚。

第九条　法律认识错误

一、任何人因法律认识错误而没有认识到其行为的不法性，在其不能因该错误而被谴责的情况下，不应认定该人有罪。

二、如果行为的不法性对于行为人来说，与其他人一样，是容易识别的，或者行为人不熟悉相关法律规定，但根据其专业、职业或其他情况，他有义务熟悉这些规定的，则应将法律认识错误归咎于行为人。

三、在行为人应当因错误而被谴责的情况下，行为人故意实施行为的，按故意犯罪处罚；行为人疏忽实施行为的，按疏忽犯罪处罚。

第十条　必要的出罪情形

一、任何人为避免对自己或他人造成迫在眉睫的重大不利影响而实施具有可罚性的行为，如果该行为所造成的损害并不比该行为意图避免的不利影响严重得多，并且无法期待一个维护受法律保护的价值观的人处于行为人当时情境下会做出不同行为的，则该行为人无罪。

二、如果行为人在没有法律规定的任何理由的情况下故意将自己置于危险之中，则不得免除罪责。如果行为人对于其行为会被免除罪责的条件产生了错误认识，该错误是由于疏忽造成并且该疏忽行为应受到刑罚处罚的，则行为人应因其疏忽行为而受到惩罚。

第十一条①　精神能力

任何人在行为当时因精神疾病、精神残疾、深度意识障碍或其他与上述任何一种情况相当的严重心理障碍，不能意识到其行为的不法性或者不能按照正确认识实施行为的，则不承担刑事责任。

第十二条　所有参与者均为行为人

不仅直接行为人应被视为实施了犯罪，而且指示他人实施犯罪或者以其他方式协助实施犯罪行为的所有人都应被视为实施了犯罪。

---

①　第十一条由列支敦士登法律公报 2011 年第 184 号修改。

第十三条　参与者的独立刑事责任

多人参与犯罪的,对每位参与者,应当按照各自的罪责予以处罚。

第十四条　行为人的特征和情况

一、如果法律规定刑事责任或刑罚的严厉程度取决于与行为不法性有关的行为人的特殊个人特征或情况,则该法律应适用于所有参与者,即使仅其中一人具有这些特征或情况。但是,如果行为的不法性取决于具有特殊个人特征或情况的人直接实施该行为或以特定方式参与该行为,则还必须满足这一条件。

二、但是,如果特殊个人特征或情况仅与罪责有关,则法律仅适用于具有这些特征或情况的参与者。

第十五条　未遂的刑事责任

一、对故意行为的处罚不仅适用于已完成的行为,也适用于未遂行为和任何参与未遂行为。

二、只要行为人决定实施或指示他人(第十二条)通过直接的预备行为实施该行为(而该犯罪行为未能完成的——译者注),该行为即可被视为未遂。

三、因法律规定的行为人实施犯罪所应具备的个人条件或情况不存在,或者法律对行为或行为对象的类型有所要求,而使得行为人不可能完成行为的,则未遂和任何参与未遂行为均不应受到处罚。

第十六条　中止未遂

一、行为人自愿放弃实施犯罪,或者在数人共同行为的情况下,行为人阻止实施犯罪或主动避免犯罪结果发生的,行为人不应因未遂或参与犯罪而受到处罚。

二、犯罪行为或结果没有发生并非因为行为人的干预,但行为人对此不知情并且自愿和真诚地努力防止犯罪行为或避免结果发生的,行为人也不应受到处罚。

第二章　犯罪的分类

第十七条　犯罪的分类

一、应处终身监禁或者超过三年监禁刑的故意行为，应为重罪。

二、除增补性刑事法律另有规定外，所有其他罪行均应为轻罪。

第三章　刑罚、没收和预防措施[①]

第十八条　监禁刑

一、监禁刑可判处终身监禁或有期监禁。

二、有期监禁的刑期至少为一日，最多为二十年。

第十九条　罚金刑

一、罚金按日费率计算。罚金数额应至少为二日费率。

二、罚金的日费率应根据一审判决时犯罪人的个人情况和经济能力确定。但是，日费率应为十五法郎以上，最多不超过五千法郎。[②]

三、无法缴纳罚金的，改判有期监禁。监禁一日折抵二日罚金。

四、已废止。[③]

第十九 a 条　收缴[④]

一、行为人已用于或打算用于实施故意犯罪的任何物品或者从此种犯罪中获得的任何物品，如果在一审判决时属于行为人，应予以收缴。[⑤]

一 a、收缴还应包括第一款所指的在一审判决时属于行为人的物品的重置价值。[⑥]

二、如果收缴与行为的严重性或行为人的应受谴责程度不成比例，则不得

---

① 第十八条前面的标题由列支敦士登法律公报 2016 年第 161 号修改。

② 第十九条第二款由列支敦士登法律公报 2023 年第 48 号修改。

③ 第十九条第四款由列支敦士登法律公报 2000 年第 256 号废止。

④ 第十九 a 条由列支敦士登法律公报 2016 年第 161 号增加。

⑤ 第十九 a 条第一款由列支敦士登法律公报 2019 年第 124 号修改。

⑥ 第十九 a 条第一 a 款由列支敦士登法律公报 2019 年第 124 号修改。

收缴。

第二十条[①]　没收

一、对于为了实施应受惩罚的行为或者通过实施应受惩罚的行为而获得的任何资产,法院应予以没收。

二、没收还应包括根据第一款被没收资产的任何收益和重置价值。

三、如果根据第一款和第二款被没收的资产不再可用,或者由于任何其他原因无法没收,法院应没收该资产的等值货币。通过实施应受惩罚的行为而保存的资产的货币价值也应予以没收。

四、如果无法确定资产没收的程度或者涉及不成比例的努力,则法院有权确定资产没收的程度。

第二十 a 条[②]　禁止没收

一、如果第三方在不知道应受惩罚行为的情况下获得了资产,则不得根据第二十条第二款和第三款的规定没收属于第三方的该资产。

二、有以下情形的,也不允许没收:

(一)对于属于第三方的资产,如果该第三方在不知道该应受惩罚的行为的情况下以有价值的对价获得该资产;

(二)当事人履行因该行为引起的民事诉讼请求或者为其提供担保;或者

(三)通过其他法律措施取得没收效果。

三、如果出现以下情况,也不得没收:

(一)与被没收的资产或其被收缴的可能性相比,实现没收或收缴所需的程序方面的努力不成比例;或者

(二)此种没收会不成比例地阻碍有关人员的发展,或会造成不必要的困难。

---

① 第二十条由列支敦士登法律公报 2016 年第 161 号修改。

② 第二十 a 条由列支敦士登法律公报 2016 年第 161 号修改。

第二十 b 条[①] 没收范围的扩大

一、犯罪组织(第二百七十八 a 条)或恐怖集团(第二百七十八 b 条)控制下的任何资产或者为资助恐怖主义而提供或收集的任何资产(第二百七十八 d 条)均应予以没收。

二、如果犯罪的实施是为了获得资产,如果有理由相信这些资产来自非法行为,并且无法证明其合法来源,则与该行为在时间上相关的任何此类资产也应予以没收。

三、如果第一百六十五条、第二百七十八条、第二百七十八 c 条和第三百零四条至第三百零九条所定义的轻罪是连续或反复实施的,且是为了获得资产,如果有理由相信这些资产来自此类性质的更多轻罪,并且无法证明其合法来源,则与这些行为在时间上相关的任何此类资产也应予以没收。

四、应比照适用第二十条第二款至第四款。

第二十 c 条[②] 禁止扩大没收范围

一、如果相关资产是未参与犯罪组织或恐怖集团或者与资助恐怖主义无关的人提出的法律请求的标的,则不得根据第二十 b 条第一款规定扩大没收范围。

二、应比照适用第二十 a 条。

第二十一条[③] 精神异常犯罪人的安置

一、行为人实施了可判处一年以上监禁的行为,如果该人仅因为其行为是在严重的精神或心理异常导致的无责任能力状态下(第十一条)实施而不能受到惩罚,并且鉴于其个人素质、状况和行为的性质,担忧其在精神或心理异常的影响下会实施可罚行为并造成严重后果的,法院应将其安置在精神异常犯罪人收容机构。

二、行为人虽然不存在精神上无责任能力的情形,但在严重的精神或心理

---

① 第二十 b 条由列支敦士登法律公报 2016 年第 161 号修改。

② 第二十 c 条由列支敦士登法律公报 2016 年第 161 号修改。

③ 第二十一条根据列支敦士登法律公报 1996 年第 200 号生效。

异常的影响下实施了可判处一年以上监禁的行为的,如果存在第一款所述的担忧,也应同样被安置在精神异常犯罪人收容机构。在此种情况下,应在宣读判决的同时下令安置。

第二十二条[1]　需脱瘾犯罪人的安置

一、对滥用麻醉剂或麻醉剂上瘾的人,如果在醉酒状态下或与其上瘾有关的其他情况下,或者因为在完全醉酒状态(第二百八十七条)下实施了可判处刑罚的行为而被定罪,并且鉴于其个人素质和行为性质,担心其因沉溺于酒精或毒品,会实施具有严重后果的可罚行为或涉及不只是轻微后果的可罚行为的,则法院应将该人安置在需脱瘾犯罪人的安置机构。

二、如果犯罪人必须被刑事羁押二年以上,符合将其安置在精神异常犯罪人收容机构的条件,或者试图让其断瘾从一开始就显得毫无意义,则不得将其安置在犯罪人脱瘾机构。

第二十三条[2]　危险累犯的安置

一、年满二十四岁的行为人被判处二年以上监禁,具有下列情形的,法院应同时命令将其置于危险累犯的安置机构:

(一)如果其被定罪完全或主要是因一项或多项蓄意侵犯生命和身体、侵犯自由、侵犯他人财产并对他人使用或威胁使用武力、侵犯性自决与其他性犯罪、违反麻醉品立法规定的罪行,或者一项或多项危害公共安全的故意犯罪;[3]

(二)如果其已经两次完全或主要因第一项所述性质的行为被判处超过六个月的监禁,因而在实施其现今被判刑的行为之前、满十八岁之后,被刑事拘留十八个月以上;并且

(三)鉴于其有实施前述第一项所述罪行的倾向,或者由于其倾向于主要通过此类罪行谋生,因而担心其会继续实施此类罪行并造成严重后果。

二、如果符合将犯罪人安置在精神异常犯罪人收容机构的条件,则不得将

---

① 第二十二条根据列支敦士登法律公报 1996 年第 200 号生效。

② 第二十三条根据列支敦士登法律公报 1996 年第 200 号生效。

③ 第二十三条第一款第一项由列支敦士登法律公报 2006 年第 100 号修改。

其置于危险累犯的安置机构。

三、在第二十一条第二款规定的精神异常犯罪人收容机构或者在犯罪人脱瘾机构的拘留,应视为等同于刑事拘留(第一款第二项),拘留期限应当计入刑罚期限。

四、自前次服刑之日至后次行为发生之日已超过五年的,前次判决不予考虑。就这一期间而言,被定罪人根据官方命令被拘留的时间不计算在内。如果服刑时只计入了临时拘留的时间,则刑期只应在判决确定为最终判决后开始计算。

五、如果符合第七十三条规定的条件,并且行为人很可能被国内法院判处六个月以上的监禁且因符合第一款第二项规定的条件而会被予以必要的刑事拘留,则外国的有罪判决应予以考虑。

第二十四条　监禁刑的执行顺序和涉及剥夺自由的预防措施

一、在精神异常犯罪人收容机构或需脱瘾犯罪人的安置机构的安置期,应在判处监禁刑之前执行。拘留期应计入刑期。如果在刑期结束前解除安置,行为人应被移交刑事拘留,除非剩余刑期已被有条件或无条件免除。

二、危险累犯的安置期应在判处监禁后执行。在将犯罪人移交危险累犯机构之前,法院应依职权审查是否仍有必要安置犯罪人。

第二十五条　涉及剥夺自由的预防措施的期限

一、预防措施应是无固定期限的。只要可实现其目的,即应予以执行。但是,安置在犯罪人脱瘾机构的时间不得超过二年,安置在危险累犯机构的时间不得超过十年。

二、法院可以决定解除预防措施。

三、法院至少每年应依职权审查是否仍有必要安置在精神异常犯罪人收容机构或危险累犯安置机构。

四、法院应至少每六个月依职权审查是否需要维持对脱瘾犯罪人的安置。

第二十六条　剥夺令

一、行为人实施可判处刑罚的行为时使用或意图使用的任何物品,或者从该行为中获得的任何物品，该物品危及人身安全、道德或公共秩序的，应处剥夺令。①

二、被授权人消除物品的特定属性，特别是通过移除或使任何有助于实施可罚行为的部件或标记无法使用的，不得下达剥夺令。只有在有关人员不保证这些物品不会被用于犯罪的情况下，才可以对与犯罪无关的人提出法律请求的任何物品下达剥夺令。②

三、如果剥夺令的先决条件得到满足，那么，即使没有任何特定的人因实施可受刑罚处罚的行为而被起诉或定罪，这些物品也应受到剥夺令的约束。

第二十七条　褫夺公职和定罪的其他法律后果

一、因一项或多项故意犯罪而被国内法院判处一年以上监禁的官员应被褫夺公职。

二、法律规定刑事定罪具有第一款以外的其他法律后果的，除非另有规定，该法律后果应在满五年后终止，但不包括因选举、裁决或任命而丧失特殊权利。该期限自判决执行完毕、预防措施执行完毕或停止后开始计算；如果服刑时只计入了临时拘留的时间，则该期限应在判决确定为最终判决后开始计算。

第二十八条　数罪并罚

一、行为人通过实施一项或多项独立的行为而犯了相同或不同种类的多个罪行的，如果这些罪行同时被判决，如果相关法律只规定了监禁刑或罚金刑，则应判处单一的监禁或罚金。该处罚应根据规定最高处罚的法律确定。但是，除特别减轻处罚的情况外，不得低于相关法律规定的最高刑罚的下限处罚。

二、如果竞合适用的法律中有一项法律规定了监禁刑，而另一项法律规定了罚金刑，或者只有一项法律同时规定了监禁刑和罚金刑，则在两种处罚均为强制性适用的情况下，应同时判处监禁和罚金。如果其中一种处罚不是强制性

① 第二十六条第一款由列支敦士登法律公报2009年第49号修改。

② 第二十六条第二款由列支敦士登法律公报2000年第256号修改。

适用的，则为可以适用。这同样适用于法律规定的除监禁或罚金以外的其他刑罚。第一款应适用于监禁刑和罚金刑的确定。

三、如果根据第二款必须判处监禁刑和罚金刑，而根据第一款应判处罚金刑而不是监禁刑，则应判处罚金刑（第三十七条）。

四、如果同时判决的一项或多项应受处罚的行为符合采取预防措施的条件，则应判令采取预防措施。

第二十九条　价值和损失的累计

如果规定的罚金数额取决于行为所针对的物品的价值或由此造成的损害或行为人意图造成的损害，那么，在行为人实施了几项同类行为的情况下，价值或损害的总额是具有决定性意义的。

第三十条　法律规定的最高刑罚不得多次增加

即使允许超过法定最高刑的不同原因（第三十九条、第三百一十三条）同时存在的情况下，超过法定最高刑的一半的处罚也仅允许适用一次。

第三十一条　后续定罪的处罚

一、已被判刑的行为人又因其他行为而被判刑，如果根据后行为发生的时间，后行为本应在先前的审理中判决，应加重其刑。加刑不得超过正被判决的行为的法定刑罚上限。刑罚的总和不得超过数罪并罚时的量刑规则以及价值和损害累计规则所允许的范围。

二、即使不满足第七十三条所列的条件，先前在国外被定罪也应被视为等同于以前在国内被定罪。

第三十一 a 条①　后续的减轻处罚和没收②

一、定罪后，如有可从轻处罚的情节出现或者被发现，应适当减刑。

二、被判处罚金刑的人如果在定罪以后个人情况或经济能力出现严重恶化，法院应在第十九条第二款规定的范围内重新评估剩余罚金的日金额，除非被判刑者故意造成上述恶化情况，包括未能合理就业。

---

① 第三十一 a 条由列支敦士登法律公报 2000 年第 256 号增加。

② 第三十一 a 条的标题由列支敦士登法律公报 2016 年第 161 号修改。

三、已废止。①

四、判决后上述情况方才出现或被发现，而如果在作出判决时存在此种情况，法院将不会没收或没收价值较低的资产，则法院应相应地修改其判决。

① 第三十一条第三款被列支敦士登法律公报 2016 年第 161 号废止。

第四章　量　　刑

第三十二条　一般原则

一、量刑应以行为人的罪责为依据。

二、在量刑时，法院应权衡加重和减轻的理由，这些尚不足以确定所应适用的刑罚，还应考虑到刑罚的影响和犯罪行为对行为人未来社会生活的其他预期后果。尤其应考虑到，该行为在多大程度上是由于行为人对受法律保护的价值观念持消极或漠不关心的态度，在多大程度上是由于外部环境或动机促使信奉受法律保护的价值观念的人实施了犯罪。[①]

三、一般来说，行为人的过错造成的损害或危害（或者虽然并非行为人自己造成，但由其过错所引致）越大，行为违反的义务越多，行为人对自己的行为考虑得越充分，准备得越仔细，或者行为实施得越残忍，避免犯罪行为的谨慎程度越低，量刑就越重。

第三十三条　特殊的加重理由

一、行为人有下列情形的，应当加重处罚：

（一）曾多次实施相同或不同种类的犯罪，或长时间持续实施某种犯罪；

（二）曾因同样有害倾向的行为被定罪；

（三）引诱他人犯罪；

（四）是多人犯罪的始作俑者或教唆者，或以领导者身份参与此类行为；

（五）基于种族主义、仇外或其他特别应受谴责的动机而实施行为，特别是

① 第三十二条第二款由列支敦士登法律公报 2006 年第 100 号修改。

明确针对第二百八十三条第一款第一项所述的群体或属于这一群体的某一成员而实施行为,仅因其属于这一群体;①

(六)行为背信弃义、残忍或以使受害者痛苦的方式实施;

(七)在实施行为时,利用他人的无力自卫或无助;

(八)作为犯罪集团的一部分而实施的行为;②

(九)有意和蓄意地配合他人实施犯罪;③

(十)实施犯罪行为,并在此过程中滥用他人的个人资料,以获得第三方的信任,从而对合法身份所有人造成损害。④

二、除了第三十九 a 条第一款所述的情况外,如果成年行为人故意使用武力或以危险性的威胁方式对未达法定年龄者实施犯罪,或者以他/她可察觉到的方式对他/她身边的人实施犯罪,也应构成加重事由。⑤

三、行为人故意实施分则第一章至第三章或第十章所列的罪行,也应成为加重的原因:⑥

(一)对亲属(第七十二条),包括前妻、前夫、前注册合伙人或前终身伴侣,行为人作为与受害人生活在一起的人或滥用其权威地位的人;

(二)对因特殊情况需要保护的人,利用其特殊保护需求;

(三)行为人在执行职务时使用了极高程度的武力,或者在该行为之前使用了任何此类武力;

(四)使用武器或以武器相威胁。

第三十四条　特殊的减轻理由

一、犯罪人有下列情形的,可以减轻处罚:

(一)在年满十八岁后、不满二十一岁时实施行为,或者因心智薄弱或因在

---

① 第三十三条第一款第五项由列支敦士登法律公报 2000 年第 36 号修改。
② 第三十三条第一款第八项由列支敦士登法律公报 2011 年第 184 号增加。
③ 第三十三条第一款第九项由列支敦士登法律公报 2011 年第 184 号增加。
④ 第三十三条第一款第十项由列支敦士登法律公报 2019 年第 124 号增加。
⑤ 第三十三条第二款由列支敦士登法律公报 2019 年第 124 号增加。
⑥ 第三十三条第三款由列支敦士登法律公报 2019 年第 124 号增加。

成长过程中被严重忽视而在精神状态异常影响下实施行为；[1]

（二）迄今为止过着正常的生活，该行为与其在其他方面的行为截然相反；

（三）出于值得称赞的动机而实施行为；

（四）在第三方的影响下或者由于恐惧或服从而实施行为；

（五）在法律规定对造成结果予以处罚的情况下，仅因未能避免结果而承担责任；

（六）仅以从犯方式参与共同犯罪；

（七）仅因鲁莽而实施行为；

（八）仅因被一种普遍可以理解的极端情绪冲昏头脑而实施行为；

（九）实施行为更多地是受到一个特别诱人的机会的诱惑，而不是出于事先的预谋；

（十）在一个严重的困境中实施了该行为，而不是因为厌恶工作；

（十一）在近乎排除罪责或正当理由的情况下实施该行为；

（十二）基于不排除罪责的法律错误（第九条）而实施行为，特别是其因故意实施行为而受到惩罚；

（十三）未造成任何损害，尽管该行为已经完成，或该行为只是未遂；

（十四）自愿避免造成更大的损害，尽管行为人本有机会造成更大损害结果，或者行为人自己或第三方代表其纠正了损害；

（十五）认真努力纠正造成的损害或防止其他负面后果；

（十六）自首，尽管其很容易逃走或者很可能会被发现；

（十七）忏悔，或者通过其陈述，为证实真相起了很大作用；

（十八）实施行为已经过了一段时间，自行为之后表现良好；

（十九）由于该行为或其后果，其本人或与其关系密切的人遭受了相当大的身体伤害或健康损害或其他严重的实际或法律不利影响，行为人因而受到影响。[2]

---

① 第三十四条第一款第一项由列支敦士登法律公报 2006 年第 100 号修改。

② 第三十四条第一款第十九项由列支敦士登法律公报 2006 年第 100 号增加。

二、对行为人提起的诉讼持续时间过长，而这并非由于行为人或其辩护律师的原因，也应作为减轻处罚的理由。[①]

第三十五条　醉酒

行为人在不排除精神能力的醉酒状态下实施行为的，只有在其导致的精神能力下降不能被因享受或使用麻醉品而产生的指控所抵消的情况下，才应将其作为减轻的原因。

第三十六条[②]　对不满二十一岁的人判处监禁

对于实施行为时不满二十一岁的人，不得判处超过二十年的监禁刑。对于终身监禁，十年以上二十年以下监禁或终身监禁的刑罚，应代之以判处五年以上二十年以下监禁。最低刑罚超过一年监禁的应减至一年，最低刑罚为一年监禁的减至六个月。但是，如果没有规定比五年监禁更严厉的刑罚，则不适用最低刑罚。

第三十七条[③]　以罚金刑代替监禁刑

一、如果对某一行为没有规定比五年以下监禁更严厉的处罚，那么在无须判处监禁以阻止犯罪者进一步犯罪的情况下，应处七百二十日以下罚金，以代替一年以下监禁刑的处罚。

二、如果对某一行为规定了比第一款更重的监禁刑，但又不超过十年监禁，那么，只有在无须判处监禁以阻止犯罪人进一步犯罪，并且判处罚金足以阻止他人犯罪的情况下，才允许判处七百二十日以下罚金，以代替一年以下监禁刑。

第三十八条　对临时拘留的考虑

一、下列情形下，任何行政和司法拘留以及审前拘留均应计入监禁刑和罚金刑：

（一）犯罪人在有关其被处罚行为的诉讼过程中被拘留；或者

（二）犯罪人在实施该涉嫌犯罪的行为以后被拘留。

---

① 第三十四条第二款由列支敦士登法律公报2006年第100号增加。

② 第三十六条由列支敦士登法律公报2006年第100号修改。

③ 第三十七条由列支敦士登法律公报2019年第124号修改。

在这两种情况下，仅限于拘留尚未被计入不同的刑罚，或被拘留者尚未因拘留获得补偿。

二、当将临时拘留计入罚金刑时，可供替代的监禁期限应是确定的。

第三十九条　累犯的加重处罚①

一、如果行为人已经因同样的有害倾向而被判处两次监禁刑，并且其已经完成了部分刑罚的服刑，即使只计入了临时拘留或与执行预防措施有关的剥夺自由的时间，那么，如果其在满十八岁以后再次因同样的有害倾向而实施犯罪，则可在超过规定的监禁刑或罚金刑上限的一半以内判处其刑罚；但有期监禁不得超过二十年。

二、自前次服刑之日至后次行为发生之日已超过五年的，则前次判决不予考虑。就这一期间而言，被定罪人根据官方命令被拘留的时间不计算在内。如果服刑时只计入了临时拘留的时间，则刑期只应在判决确定为最终判决后开始计算。

第三十九 a 条②　以未达法定年龄者为对象的犯罪的刑罚修改

一、成年人以使用武力或危险性威胁的方式对未达法定年龄者实施故意犯罪的，应适用下列处罚：

（一）二个月以上一年以下监禁，而不是一年以下监禁或者此种监禁或罚金；

（二）最低刑期为三个月监禁，而不是没有最低刑期限制且最高刑期不超过一年监禁；

（三）最低刑期为一年监禁，而不是最低刑期为六个月监禁；

（四）最低刑期为二年监禁，而不是最低刑期为一年监禁。

二、在适用第三十六条和第四十一条时，应适用第一款中修订的处罚。

第四十条　后续定罪的量刑

在后续定罪的情况下，应在第三十一条规定的限度内确定附加刑罚，以使

---

① 第三十九条的标题由列支敦士登法律公报 2006 年第 100 号修改。

② 第三十九 a 条由列支敦士登法律公报 2019 年第 124 号增加。

刑罚总量与同时作出裁决时应判处的刑罚相一致。如果在同一时间作出判决将不会判处比先前判决中所判处刑罚更重的刑罚,则不应判处额外的刑罚。

第四十一条　减轻理由占主导地位时的特别减轻①

一、如果减轻处罚的理由显著超过加重处罚的理由,并且有合理的预期即使判处低于法定最低刑的刑罚,行为人也不会再犯罪,则可以判处以下刑罚:

(一)对可判处终身监禁或者可判处十年以上二十年以下监禁或终身监禁的行为,判处不少于一年的监禁;

(二)对不可判处终身监禁但可判处十年以上监禁的行为,判处不少于六个月的监禁;

(三)对可判处五年以上监禁的行为,判处不少于三个月的监禁;

(四)对可判处一年以上监禁的行为,判处不少于一个月的监禁;

(五)对可判处一年以下监禁的行为,判处不少于一日的监禁。

二、根据第一款第三项和第四项的要求,如果犯罪导致一人死亡(第七条第二款),即使这种情况已经决定了所规定的刑罚,也应判处六个月以上的监禁。

三、如果判处或必须判处二年或三年以上但不超过五年的监禁,如果减轻处罚的理由显著超过加重处罚的理由,并且即使判处这种处罚,也可合理地预期行为人不会再犯罪,则也可以适用第四十三条和第四十三 a 条。②

第四十一 a 条③　与执法当局合作情况下的特别减轻处罚

一、行为人实施了第二百七十七条、第二百七十八条、第二百七十八 a 条或第二百七十八 b 条规定的可罚行为或者与此类阴谋、集团或组织相关的可罚行为的,行为人向任何执法机构披露其所知的事实,而这些事实的披露明显对下列事项有所助益的,则在与所披露事实的重要性和行为人的罪责成比例的情况下,可以在第四十一条规定的限度内判处低于法定最低刑罚的刑罚;应比照适

---

① 第四十一条的标题由列支敦士登法律公报 2014 年第 110 号修改。

② 第四十一条第三款由列支敦士登法律公报 2014 年第 110 号增加。

③ 第四十一 a 条由列支敦士登法律公报 2014 年第 110 号增加。

用第四十一条第三款：

(一)消除或显著减少阴谋、集团或组织造成的危险；

(二)帮助揭露此类应受惩罚的行为，其作用超过行为人在该犯罪中所起的作用；或者

(三)追查以领导者身份参与此类阴谋或以领导者身份积极参与此类集团或组织的人员。

二、然而，第一款应适用于明知不受列支敦士登刑法管辖的应受惩罚行为的行为人，前提是允许提供法律援助。

第四十二条[①] 行为缺乏可罚性

如果一项依职权起诉的行为只判处罚金、不超过三年的监禁或者此种监禁和罚金，则在下列情况下，该行为不应受到处罚：

(一)行为人的罪责轻微；

(二)该行为不产生或仅产生微不足道的后果，或者，只要行为人至少为此做出了认真努力，该行为的后果基本上得到消除、纠正或补偿；

(三)无须用刑罚来阻止行为人犯罪或者阻止他人犯罪。

---

① 第四十二条由列支敦士登法律公报2006年第100号修改。

第五章 附条件缓刑和附条件释放，指示以及缓刑协助

第四十三条 附条件缓刑

一、犯罪人被判处不超过二年监禁或者罚金，如果仅仅威胁强制执行或者结合其他措施就足以防止其再犯罪，并且无须通过执行判决来阻止他人犯罪，则法院应判处附条件缓刑，并确定一年至三年的考验期。在这方面，尤其应考虑行为的性质、犯罪人的个人素质、其罪责程度、其先前的行为以及行为后的行为。①

二、如果缓刑未被撤销，则应认为刑罚已确定被免除。在这种情况下，从判决执行之日起的任何时间段应从判决成为最终判决之日起计算。②

三、因强奸（第二百条）或对未达法定年龄者的加重性虐待（第二百零五条）而被判处刑罚的，不应适用附条件缓刑（第一款）；第四十三 a 条第二款至第四款的适用不受影响。③

第四十三 a 条④ 部分刑罚的附条件缓刑

一、所判刑罚为罚金，且第四十三条规定的条件适用于部分刑罚的，法院应对这部分刑罚予以附条件缓刑。

二、可能被判六个月以上但不超过二年的监禁的，如果不符合附条件暂缓

---

① 第四十三条第一款由列支敦士登法律公报 2014 年第 110 号修改。

② 第四十三条第二款由列支敦士登法律公报 2023 年第 48 号修改。

③ 第四十三条第三款由列支敦士登法律公报 2023 年第 48 号修改。

④ 第四十三 a 条由列支敦士登法律公报 2006 年第 100 号增加。

执行整个刑罚的条件，则应处最高三百六十日罚金，以代替部分监禁，根据第四十三条的规定，剩余部分的监禁可以附条件缓刑。

三、所判刑罚为六个月以上但不超过二年的监禁，并且，特别是根据犯罪人先前的有罪判决，既不能附条件缓刑，也不能适用第二款的，则部分刑罚应根据第四十三条规定的条件附条件缓刑。未被附条件缓刑的刑罚必须至少为一个月，且不得超过刑期的三分之一。

四、所判刑期为二年以上但不超过三年的监禁，并且该犯罪人很有可能不会再犯罪，则部分刑罚应根据第四十三条的规定予以附条件缓刑。第三款最后一句应适用于此情形。

五、已废止。[①]

第四十四条　多种刑罚并存情况下的附条件缓刑

一、同时判处监禁和罚金的情况下，如果符合相关要求，两种刑罚均应附条件缓刑。如果执行其中一种刑罚或部分刑罚就足够了，那么第四十三条和第四十三 a 条可以适用于这两种刑罚中的任何一种。[②]

二、附加刑和定罪的法律后果可以独立于主刑而予以附条件缓刑。[③]

第四十五条[④]　预防措施的附条件中止

一、精神异常犯罪人在机构内安置的期限应附条件中止，前提是基于有关人员的个人素质、健康状况、以前的行为、行为性质和诚实生活的预期，特别是根据《刑事诉讼法典》第三百四十条第四款在临时拘留期间或在根据《刑事诉讼法典》第三百四十八条以临时拘押形式实行的审前羁押期间得以成功治疗之后，很可能，仅仅是与机构外治疗相关的安置威慑以及第五十条至第五十二条规定的附加措施（如有的话）就足以遏制预防措施所针对的危险性。第二十一条第二款规定的任何安置也只能与判决一起附条件地中止。根据第二十一条，附条件中止安置期限的中止期应为十年。但是，如果导致安置的犯罪可判

① 第四十三条第五款由列支敦士登法律公报 2014 年第 110 号废止。

② 第四十四条第一款由列支敦士登法律公报 2006 年第 100 号修改。

③ 第四十四条第二款由列支敦士登法律公报 2000 年第 256 号修改。

④ 第四十五条由列支敦士登法律公报 2016 年第 161 号修改。

处不超过十年的监禁，则中止期应为五年。

二、如果仅以安置威慑与第五十条至第五十二条中规定的一项或多项措施相结合就足以克服犯罪人对酒精或上瘾物质的成瘾性，那么仅可将需脱瘾犯罪人在机构的安置期限附条件地与刑期同时中止。附条件缓刑的考验期也适用于需脱瘾犯罪人的机构安置期限的附条件中止。

三、应比照适用第四十三条第二款。[①]

四、不得附条件中止其他预防措施。

第四十六条[②]　附条件释放

一、犯罪人已服完判决所判处或以赦免方式所确定的有期监禁的一半，且至少三个月的，如果很可能不需要执行剩余的刑期来防止犯罪人再犯罪，则剩余刑期应附条件缓刑，并应确定考验期。

二、犯罪人已服完判决所判处或以赦免方式所确定的有期监禁的三分之二，且至少三个月的，则剩余刑期应附条件缓刑，并应确定考验期，除非特殊原因导致担心犯罪人获释后会再犯罪。

三、对犯罪人在不满二十一岁时实施的行为处监禁的，则必须服刑的最短期限（第一款和第二款）应为一个月。

四、关于附条件释放的每一项决定都必须考虑到犯罪人的个人素质、其以前的行为、其诚实生活的预期以及其在刑罚执行期间的行为，以及出于特定原因，是否需要执行剩余刑期以阻止他人犯罪。如有必要，只有在采取其他措施的情况下才可给予附条件释放。

五、犯罪人正在服若干个监禁刑的，只要是紧接着连续服刑，或者仅在犯罪人根据官方命令被拘留时才中断服刑，则其总刑期应是确定的。但是，根据第四十三 a 条第三款和第四款未附条件缓刑的部分应不予考虑。不得附条件免除该部分刑罚。

六、被判处终身监禁的犯罪人，在服刑满十五年之前，不得附条件释放。在

---

① 第四十五条第三款由列支敦士登法律公报 2023 年第 48 号修改。

② 第四十六条由列支敦士登法律公报 2006 年第 100 号修改。

满足这一要求的情况下，只有在以下情况下，犯罪人才能被附条件释放：根据犯罪人的个人素质、其以前的行为、其诚实生活的预期及其在刑罚执行期间的表现，犯罪人在获释后很可能不会再犯罪，以及尽管犯罪行为很严重，但不需要继续执行刑罚以阻止他人犯罪。

第四十七条　解除涉及剥夺自由的预防措施

一、被安置在精神异常犯罪人收容机构的人应准予附条件释放，但通常必须有考验期。被安置在需脱瘾犯罪人安置机构的人员和危险累犯收容机构的人员，在羁押期限届满（第二十五条第一款）后，或者如果被安置在需脱瘾犯罪人安置机构，继续或补充戒断治疗不太可能成功，应准予无条件释放；否则，只能准予附条件释放，并确定考验期。

二、根据被拘押者的行为和发展、其个人素质、健康状况、其以前的行为和诚实生活的预期，如果预防措施所针对的危险很可能不再存在，则应下令附条件地解除涉及剥夺自由的预防措施。

三、在刑期届满之前，如果犯罪人被附条件或无条件地从精神异常犯罪人收容所或需脱瘾犯罪人安置机构释放，则适用第二十四条第一款的最后一句。

四、不再需要将犯罪人转移到危险累犯机构的决定（第二十四条第二款）应被视为等同于将犯罪人从危险累犯机构附条件释放。

第四十八条　考验期

一、监禁刑附条件释放后的考验期为一年以上三年以下。如果经被判刑人同意继续进行第五十一条第三款所述的治疗是附条件释放的必要条件（第四十六条第三款），则考验期至少为一年，但不得超过五年。附条件缓刑的剩余刑期超过三年的，或者附条件释放的一年以上监禁所涉罪名是侵犯性自决罪或者其他性犯罪的，考验期为五年。终身监禁附条件释放的，考验期为十年。[①]

二、精神异常犯罪人和危险累犯从安置机构释放后的考验期为十年，但如果其所犯的罪行应处十年以下监禁的，考验期仅为五年。需脱瘾的犯罪人从脱

---

① 第四十八条第一款由列支敦士登法律公报 2019 年第 124 号修改。

瘾机构释放的，考验期为一年以上五年以下。[①]

三、对剩余刑期的附条件缓刑或者对剥夺自由的预防措施的附条件解除没有撤销的，则应宣布为确定的。在这种情况下，从判决执行之日或者预防措施执行之日起的任何期间，应从附条件释放或者解除预防措施之日起计算。

第四十九条　考验期的计算

一旦宣布附条件缓刑（第四十三条至第四十五条）或附条件释放（第四十六条和第四十七条）的决定成为最终决定，考验期即开始。被定罪者根据官方命令被拘留的时间不包括在考验期内。

第五十条[②]　发布缓刑协助的指示和命令

一、如果犯罪人的刑罚或剥夺自由的预防措施被附条件缓刑或中止，或者如果犯罪人被判监禁刑或剥夺自由的预防措施后被附条件释放，在有必要或有助于防止犯罪人再实施可罚的行为的情况下，法院应向其发出指示或者命令提供缓刑协助。如果宣判的刑罚属于缓刑考验期（《少年法庭法》第八条），或者根据《刑罚执行法》第六条第一款第二项或者《少年法庭法》第三十三条，对二十一岁之前所犯罪行判处的监禁刑的执行被推迟三个月以上，则同样适用前述规定。

二、犯罪人被附条件释放，有下列情形的，应下令提供缓刑协助：

（一）在服满三分之二刑期之前（第四十六条第一款）；

（二）因二十一岁之前实施的行为而免予监禁；

（三）因侵犯性自决罪或其他性犯罪而免予监禁；

（四）免予五年以上的监禁；或

（五）免予终身监禁。

在第一项和第二项情况下，只有在根据行为类型、犯罪人的性格及其发展情况，可以假设即使没有任何此类命令，他/她也不会再犯任何其他罪行时，才不得下令提供缓刑协助。

---

① 第四十八条第二款由列支敦士登法律公报 2006 年第 100 号修改。

② 第五十条由列支敦士登法律公报 2019 年第 124 号修改。

二 a、由于被定罪人的居住地或住所的原因，任何此类缓刑协助从一开始就被视为无用的，不得下令缓刑协助。

三、缓刑协助的指示和命令应在法院确定的期限内有效，但最多在缓刑考验期结束前有效，前提是这些指示和命令未解除或未提前生效。在第二款第四项情况下应至少在获释后的第一年内，在第二款第五项情况下应至少在获释后的前三年内，下令提供缓刑协助。

第五十一条　指示

一、指示可以是命令和禁令，遵守这些命令和禁令可能防止犯罪人再实施犯罪行为。对犯罪人的个人权利或生活行为造成不合理干预的指示是不被允许的。

二、特别是，犯罪人可能被要求居住在特定的地方、与特定的家庭或在特定的家里，以避免特定的住所、特定的地方或特定的交易，避免饮用酒精饮料，学习或实践尽可能适合其知识、技能和兴趣的适当职业，报告其逗留地点或工作地点的每次变更，并每隔一定时间向法院或其他机构报告有关情况。如果这会影响到是否需要执行判决以阻止他人犯罪，犯罪人还可能被要求尽其所能去纠正其行为造成的损害。

三、在犯罪人同意的情况下，还可根据第一款规定的条件指示犯罪人接受脱瘾治疗、心理治疗或其他医学治疗。但是，即使经犯罪人同意，也不得发出涉及外科手术的医学治疗指示。

四、在缓刑考验期内，法院还应随后发布指示或修订或撤销已经发布的指示，但前提是根据第五十条的规定有必要这样做。

第五十二条　缓刑协助①

一、如果法院命令提供缓刑协助，秘书处负责人应为犯罪人指定一名缓刑监督官，并将该缓刑监督官通知法院。缓刑监督官应努力用言语和行动帮助犯罪人找到其适当的生活方式和态度，以防止其今后再实施犯罪。在为此目的所需的范围内，缓刑监督官应以适当的方式协助犯罪人努力满足基本的日常需

---

①　第五十二条的标题由列支敦士登法律公报 2019 年第 124 号修改。

要,特别是寻找住房和工作。[①]

二、下列情况下,缓刑监督官应向法院报告其活动和观察结果:[②]

(一)在法院要求的范围内,或在实现缓刑协助目的所必需或有用的范围内;[③]

(二)如果有理由取消缓刑协助;[④]

(三)然而,在任何情况下,在缓刑协助命令下达六个月后,以及当缓刑协助结束时;[⑤]

(四)在法院监督期间(第五十二a条第二款)。[⑥]

三、在缓刑考验期内,法院还应随后命令提供缓刑协助或解除缓刑协助,但前提是根据第五十条的规定有必要这样做。在第五十条第二款第一项至第四项所述情况下,如果有关缓刑协助的命令仍然必要或者有用,则在任何情况下,都必须在释放一年期满后,在获得缓刑监督官的报告和主管缓刑协助的秘书处负责人的评估报告后作出决定。[⑦]

第五十二a条[⑧]　法院对性犯罪人和性暴力犯罪人的监督

一、如果因犯下列罪行被判处监禁刑的犯罪人被附条件释放或者犯罪人因犯下列罪行而被下令采取剥夺自由的预防措施,则应在缓刑考验期内将其置于法院监督之下,以监控犯罪人的行为(第二款),特别是在遵守根据第五十一条第三款发布的指示或禁止从事某些职业的指示方面,有必要或有助于防止其再实施此类犯罪行为:

(一)侵犯性自决或其他性犯罪;或者

(二)侵犯生命、身体或自由,且该行为是为了性唤起或满足其性欲。

---

① 第五十二条第一款由列支敦士登法律公报2006年第100号修改。

② 第五十二条第二款的引导句由列支敦士登法律公报2006年第100号修改。

③ 第五十二条第二款第一项由列支敦士登法律公报2006年第100号修改。

④ 第五十二条第二款第二项由列支敦士登法律公报2006年第100号修改。

⑤ 第五十二条第二款第三项由列支敦士登法律公报2006年第100号修改。

⑥ 第五十二条第二款第四项由列支敦士登法律公报2011年第184号增加。

⑦ 第五十二条第三款由列支敦士登法律公报2019年第124号修改。

⑧ 第五十二a条由列支敦士登法律公报2011年第184号增加。

二、在法院监督期间，法院应在缓刑协助的帮助下，并在国家警察、儿童和青少年福利机构或其他合适机构的参与下，监督犯罪人的行为及其遵守指示的情况。负责监控的机构应向法院报告其采取的措施及其观察结果。缓刑监督官应根据法院监督命令，在法院要求的范围内或者在必要或有用的范围内，向法院报告信息，但无论如何，在法院监督的前半期至少每三个月报告一次，在后半期至少每六个月报告一次。

第五十三条　附条件缓刑和附条件释放的撤销

一、凡犯罪人因在缓刑考验期内所犯罪行而被定罪的，除了新的定罪以外，如果考虑到其新的罪行且对于防止犯罪人再实施犯罪的必要性，则法院应撤销附条件缓刑或附条件释放，并决定执行原判刑罚、原判刑罚的部分或剩余刑期。如果撤销涉及终身监禁的附条件释放，则剩余刑期，在考虑到另一次监禁刑附条件释放的时间要求时，应等同于十年监禁。犯罪人在一审决定与批准附条件缓刑或附条件释放的决定成为最终决定之间的时间内或者在不计入考验期（第四十九条）的正式拘留期间所犯的罪行应被视为等同于在考验期内所犯的罪。①

二、如果在法院确定的期限内，犯罪人在收到正式警告后故意不遵守指示，或者如果犯罪人坚持不受缓刑监督官的影响，法院应撤销附条件缓刑或附条件释放，并决定执行原判刑罚或原判刑罚的剩余刑期，在这种情况下，这对于防止犯罪人再犯罪具有必要性。应比照适用第一款第二句。②

三、在第一款和第二款规定的情况下，如果附条件缓刑或释放未被撤销，而已确定的考验期较短时，法院可将考验期延长至最多五年。对于被判终身监禁而附条件释放的案件，法院可将考验期延长至最多十五年。同时，法院应审查是否和哪些指示应重新发布，以及如果到目前为止尚未任命缓刑监督官，是否应任命缓刑监督官。③

---

① 第五十三条第一款由列支敦士登法律公报 2016 年第 161 号修改。

② 第五十三条第二款由列支敦士登法律公报 2016 年第 161 号修改。

③ 第五十三条第三款由列支敦士登法律公报 2016 年第 161 号修改。

四、如果在被判终身监禁或者因侵犯性自决罪或其他性犯罪被判处五年以上监禁刑而附条件释放以后，在原考验期或延长考验期即将结束时，有其他特殊理由认为犯罪人需要继续考验的，法院可将考验期最多延长三年。应允许进一步延长。[①]

第五十四条[②]　撤销附条件中止预防措施和附条件解除预防措施

一、根据第五十三条规定的条件，如果其中提到的情况表明预防措施旨在遏制的危险性仍然存在，则应撤销对精神异常犯罪人或需脱瘾犯罪人在第二十一条至第二十三条所述机构的附条件中止安置以及从前述机构的附条件释放。

二、在第一款的情况下，如果第二十一条所述机构的附条件中止安置或附条件释放未被撤销，法院可将考验期延长至最多十五年。如果考验期仅为五年，法院可将考验期延长至最多十年。同时，法院应审查是否和哪些指示应重新发布，以及如果到目前为止尚未任命缓刑监督官，是否应任命缓刑监督官。

三、如果在最初或延长的考验期即将结束时，有特殊理由认为，为了控制预防措施所针对的危险性，仍有必要保持将其安置在特定机构的威慑，法院可将考验期延长至最多三年。应允许进一步延长。

四、在犯罪人从第二十一条第一款所述机构中附条件中止安置或附条件释放的情况下，犯罪人已被指示接受医学治疗，并且有理由相信犯罪人未遵守指示，因此需要住院治疗以控制预防措施所针对的危险性的，法院应通知警察，警察应暂时拘留有关人员，并将该人员交给公共医疗官员。随后采取的任何措施均应通知法院。

五、但是，如果犯罪人从第二十一条至第二十三条中所述的机构附条件释放，由于其在考验期内再次犯罪（第五十三条第一款），而被再次下令采取预防措施，则此类命令应使在该措施之前的任何命令失去意义。

六、如果继续治疗从一开始就没有成功的预期，则不得撤销对需脱瘾犯罪人从特定机构的附条件释放。

---

① 第五十三条第四款由列支敦士登法律公报2011年第184号增加。

② 第五十四条由列支敦士登法律公报2016年第161号修改。

第五十五条 后续定罪情况下的撤销

一、根据第三十一条的规定有后续定罪的，则应撤销对犯罪人的刑罚、部分刑罚以及需脱瘾犯罪人在机构中安置的附条件缓刑，并且如果同时对案件作出裁决，则不会准予附条件缓刑。①

二、如果在后续定罪中，犯罪人的刑罚、部分刑罚或脱瘾犯罪人在机构中的安置被附条件缓刑，如果案件在同一时间被判决，并且根据第三十一条本应被考虑的定罪没有记录在案，则该缓刑应被撤销。②

三、如果没有撤销附条件缓刑，每个重合的考验期应持续到最后结束的考验期届满为止，但最长不得超过五年。

第五十六条 撤销的截止日期

第五十三条至第五十五条规定的命令只能在缓刑考验期内由法院下达，但如果是在考验期内犯罪，也可以在考验期满后的六个月内或在考验期届满时针对犯罪人的待决刑事诉讼结束以后下达。

---

① 第五十五条第一款由列支敦士登法律公报2006年第100号修改。

② 第五十五条第二款由列支敦士登法律公报2019年第124号修改。

第六章　限　　制

第五十七条　刑事责任的限制

一、可判处十年至二十年监禁或终身监禁的犯罪以及分则第二十五章所规定的犯罪不受时效期限的限制。然而，二十年期满后，十年至二十年监禁刑应取代终身监禁刑。第二款和第五十八条应比照适用于该期限。①

二、其他行为的刑事责任应当受到限制。时效期限应自可罚行为完成或可罚行为停止后即开始计算。

三、时效期限包括下列几种情形：②

犯罪行为虽不可判处终身监禁，但可判处超过十年监禁的，时效期限为二十年；

犯罪行为可判处超过五年、最长十年监禁的，时效期限为十年；

犯罪行为可判处超过一年、最长五年监禁的，时效期限为五年；

犯罪行为可判处超过六个月、最长一年监禁的，时效期限为三年；

犯罪行为可判处不超过六个月监禁或仅处罚金的，时效期限为一年。

四、一旦时效期限届满，没收和预防措施也不得适用。③

第五十八条　时效期限的延长

一、如果属于犯罪要件的结果仅发生在可罚行为实施完成以后或者可罚行为停止以后，则时效期限不得在该结果发生之后即结束或其持续时间的一倍半

① 第五十七条第一款由列支敦士登法律公报2006年第100号修改。

② 第五十七条第三款由列支敦士登法律公报2022年第222号修改。

③ 第五十七条第四款由列支敦士登法律公报2016年第161号修改。

之前结束，但应自第五十七条第二款所述时间点起算至少经过三年。

二、如果在时效期限内，行为人再次实施了基于同样的有害倾向的犯罪行为，则时效期限在该行为的时效期限届满之前不得结束。

三、时效期限不包括：

（一）依照法律规定不能提起或者继续起诉的时间，第四款另有规定的除外；

（二）针对行为人的刑事诉讼在法庭上待决的时间；

（三）侵犯生命和身体、侵犯自由、侵犯性自决或其他性犯罪的被害人至年满二十八岁的时间，前提是被害人在行为发生时是未成年人。①

三 a、根据前几款发生的时效期限的中止应继续有效，即使由于随后的法律修改，中止时行为的时效期限根据新法律已经到期。②

四、如果该行为仅在根据有权授权的人要求、申请或授权的情况下被起诉，则时效期限不得因未要求、未申请或未授权起诉而中止。

第五十九条　可执行性的限制

一、终身监禁、超过十年的监禁、对第二十五章所规定的犯罪判处的刑罚以及对精神异常犯罪人或危险累犯的机构性安置的可执行性不受限制。③

二、其他判决、没收和预防措施的可执行性应受到限制。时效期限应从判处刑罚、没收或预防措施的决定成为最终决定时起算。④

三、可执行期限包括以下几种情形：

判处超过一年但不超过十年监禁的，期限为十五年；

判处超过三个月但不超过一年监禁的，或判处替代超过三个月监禁的罚金刑的，期限为十年；

其他情况下，期限为五年。

四、如果同时判处多个刑罚或预防措施，则所有这些刑罚或措施的可执行

---

① 第五十八条第三款第三项由列支敦士登法律公报 2019 年第 124 号修改。

② 第五十八条第三 a 款由列支敦士登法律公报 2019 年第 124 号增加。

③ 第五十九条第一款由列支敦士登法律公报 2019 年第 124 号修改。

④ 第五十九条第二款由列支敦士登法律公报 2016 年第 161 号修改。

性的限制应根据时效期最长的刑罚或措施确定。如果同时判处监禁和罚金，则应在监禁期限中增加监禁的替代期限，以计算时效期限。①

第六十条 可执行期限的延长

一、在时效期内对被定罪者判处新的刑罚或预防措施的，在该刑罚或预防措施的可执行期满之前，可执行时效期不得结束。

二、可执行的时效期不包括：

（一）附条件缓刑或者需脱瘾犯罪人机构性安置的附条件缓期或者附条件释放的犯罪人的考验期；

（二）被定罪人获准延期执行监禁判决的期限，但以不适合执行或者支付罚金为由的除外；

（三）被定罪者根据官方命令被拘留的时间；

（四）被定罪者在国外的时间。②

三、执行监禁判决或剥夺自由的预防措施，应中断时效期。一旦中断状态结束，被定罪者未获得最终释放的，时效期应恢复，但不影响第二款的规定。

① 第五十九条第四款由列支敦士登法律公报 2016 年第 161 号修改。

② 第六十条第二款第四项由列支敦士登法律公报 2006 年第 100 号修改。

第七章　适 用 范 围

第六十一条　临时适用

刑法应适用于其生效后实施的行为。如果行为发生时的法律总体上不利于行为人,则刑法应溯及适用于其生效之前实施的行为。

第六十二条　在列支敦士登实施的犯罪

列支敦士登刑法应适用于在列支敦士登实施的所有行为。

第六十三条　在列支敦士登的船舶或航空器上实施的犯罪

列支敦士登刑法也应适用于在列支敦士登的船舶或航空器上实施的行为,无论船舶或航空器位于何处。

第六十四条　对在国外实施的犯罪的惩罚,无论犯罪地法律如何规定

一、列支敦士登刑法应适用于在国外实施的下列行为,不论行为实施地的刑法如何规定:①

(一)重叛逆罪(第二百四十二条)、重叛逆罪的预备(第二百四十四条)、颠覆性团体(第二百四十六条)、攻击国家高级机构(第二百四十九条至第二百五十一条)和叛逆罪(第二百五十二条至第二百五十八条)以及危害国防的犯罪(第二百五十九条和第二百六十条)。

(二)在列支敦士登官员(第七十四条第一款第四项)、列支敦士登公职人员(第七十四条第一款第四 a 项)或列支敦士登仲裁员(第七十四条第一款第四 b 项)履行职责期间或因其履行职责而对其实施的犯罪,以及作为列支敦士

① 第六十四条第一款的引导句由列支敦士登法律公报 2000 年第 256 号修改。

登官员、列支敦士登公职人员或列支敦士登仲裁员而实施的犯罪。①

（二 a）除第二项的情况外，具有下列情形的违反公务行为、腐败以及相关犯罪（第三百零二条至第三百零九条）应受到处罚：②

1. 犯罪人在犯罪时是列支敦士登公民；或者

2. 该犯罪是为了列支敦士登官员或仲裁员的利益而实施。

（三）在列支敦士登法院或者列支敦士登行政当局的待决案件中，在法庭上作虚假证词（第二百八十八条）和在行政当局面前宣誓后或经宣誓确认情况下作虚假证词（第二百八十九条）。

（四）下列侵犯了列支敦士登的利益或者犯罪人无法引渡的犯罪：侵犯商业或贸易秘密（第一百二十二条），窥探商业或贸易机密（第一百二十三条），窥探商业或贸易秘密以供国外使用（第一百二十四条），伪造货币（第二百三十二条），根据第二百三十二条应受处罚的伪造受特别保护的证券（第二百三十七条），伪造货币、伪造证券或印章的预备（第二百三十九条），犯罪组织（第二百七十八 a 条）以及违反麻醉品相关立法的犯罪。③

（四 a）具有下列情形的第九十条第三款定义的切割生殖器、勒索性绑架（第一百零二条），交付给外国（第一百零三条），奴隶贸易（第一百零四条），贩运人口（第一百零四 a 条），第一百零六条第一款第三项定义的加重胁迫、强迫婚姻（第一百零六 a 条），非法收养安置（第一百九十三 a 条），强奸（第二百条），性侵犯（第二百零一条），对未达法定年龄者实施第二百零三条第二款定义的性骚扰、对无力防卫能力者或精神障碍者的性虐待（第二百零四条），对未达法定年龄者的加重性虐待（第二百零五条），对未达法定年龄者的性虐待（第二百零六条），危害未达法定年龄者或青少年的道德（第二百零七条），对未成年人的性虐待（第二百零八条），与未达法定年龄者开始性接触（第二百零九条），对未达法定年龄者的不道德影响（第二百零九 a 条），滥用第二百一十二

① 第六十四条第一款第二项由列支敦士登法律公报 2016 年第 161 号修改。

② 第六十四条第一款第二 a 项由列支敦士登法律公报 2016 年第 161 号增加。

③ 第六十四条第一款第四项由列支敦士登法律公报 2015 年第 209 号修改。

条第一款定义的权力关系、安排与未成年人的性接触以换取有价值的回报(第二百一十四条),促进未成年人卖淫和色情表演(第二百一十五 a 条),跨境卖淫(第二百一十七条),以及关于未成年人的色情描绘(第二百一十九条):①

1. 行为人或被害人是列支敦士登公民或者其居住地或惯常居住地在列支敦士登;

2. 行为侵犯了列支敦士登的其他利益;或者

3. 行为人在行为当时是在列支敦士登的外国公民,且无法引渡。

(四 b)生产和传播大规模杀伤性武器(第一百七十七 a 条),但是,如果行为人是列支敦士登公民,关于核武器或放射性武器的发展,只在该行为不是根据《不扩散核武器条约》(见列支敦士登法律公报 1978 年第 15 号)缔约国(该国是一个核武器国家)的命令或责任而实施的情况下。②

(四 c)具有下列情形的酷刑(第三百一十二 a 条)、使人失踪(第三百一十二 b 条)和第二十五章所规定的犯罪:③

1. 行为人或被害人是列支敦士登公民;

2. 行为侵犯了列支敦士登的其他利益;或者

3. 行为人在行为当时是外国公民,其在列支敦士登或者惯常居住地在列支敦士登,且无法引渡。

(五)具有下列情形的劫持航空器(第一百八十五条),与之相关的侵犯生命、身体或自由的犯罪,以及故意危害航空安全(第一百八十六条):

1. 犯罪针对一架列支敦士登的航空器;

2. 航空器降落在列支敦士登公国,行为人仍在航空器上;

3. 无机组人员的航空器出租给有营业住所的人,或者如果没有营业住所,其惯常居所在列支敦士登公国的;或者

4. 行为人在列支敦士登公国,且未被引渡。

---

① 第六十四条第一款第四 a 项由列支敦士登法律公报 2022 年第 222 号修改。

② 第六十四条第一款第四 b 项由列支敦士登法律公报 2019 年第 124 号增加。

③ 第六十四条第一款第四 c 项由列支敦士登法律公报 2019 年第 124 号增加。

(六)列支敦士登公国必须起诉的其他犯罪,不论犯罪行为地的刑法如何,即使该犯罪是在国外实施。

(七)一位列支敦士登公民对另一位列支敦士登公民实施的犯罪,如果他们的居住地或惯常居所都在列支敦士登。

(八)已废止。[①]

(九)参与(第十二条)直接犯罪人在列支敦士登实施的犯罪,以及处理在列支敦士登实施的(上游)犯罪的赃物(第一百六十四条)和洗钱(第一百六十五条)。[②]

(十)具有下列情形的恐怖集团(第二百七十八b条)和恐怖主义犯罪(第二百七十八c条)以及根据第一百二十八条至第一百三十一条、第一百四十四条和第一百四十五条以及第二百二十三条和第二百二十四条所规定的与此相关的犯罪,此外还包括资助恐怖主义(第二百七十八d条)、为恐怖主义目的而培训(第二百七十八e条)、关于实施恐怖主义犯罪的指导(第二百七十八f条)、为恐怖主义目的而旅行(第二百七十八g条)、第二百二十三条和二百二十四条规定的与此相关的犯罪,以及煽动和支持恐怖主义罪行(第二百八十二a条):[③]

1.行为人在行为当时是列支敦士登公民,或在稍后某时间点获得列支敦士登国籍,并在刑事诉讼开始时仍持有该国籍;

2.行为人在行为当时或提起刑事诉讼时在列支敦士登拥有住所或惯常居所;[④]

3.行为为居住在列支敦士登的法人的利益而实施;

4.行为针对执政、议会、政府、法院或其他当局,或者针对列支敦士登公国的居民;

---

① 第六十四条第一款第八项由列支敦士登法律公报2015年第111号废止。

② 第六十四条第一款第九项由列支敦士登法律公报2003年第236号修改。

③ 第六十四条第一款第十项的引导句由列支敦士登法律公报2019年第158号修改。

④ 第六十四条第一款第十项第二目由列支敦士登法律公报2019年第158号修改。

5. 行为人在行为当时是外国人，目前在列支敦士登，且无法引渡。①

（十一）已废止。②

二、如果第一款所述的刑法仅因为该行为是应受更严厉刑罚的行为而不能适用，则无论行为实施地的刑法如何，在国外实施的行为仍应按照列支敦士登刑法予以处罚。

第六十五条　在国外实施的犯罪只有在根据犯罪地法律应受刑罚惩罚的情况下才受处罚

一、对于除第六十三条和第六十四条所述行为以外的其他在国外实施的行为，列支敦士登刑法应适用，前提是在下列情况下，这些行为根据行为实施地的法律也应受到刑罚处罚：

（一）行为人在行为当时是列支敦士登公民，或在稍后某个时间点获得列支敦士登国籍，并在刑事诉讼开始时仍持有该国籍；

（二）行为人在行为当时是外国人，在列支敦士登被捕，因其行为类型或行为性质以外的原因，不能被引渡到国外。③

二、处罚的确定方式应确保行为人在总体上受到的待遇不低于行为实施地法律规定的待遇。

三、如果行为实施地没有刑事权力，则只要该行为根据列支敦士登法律应受惩罚即可。

四、但是，下列情况下，该行为不应受到处罚：

（一）根据行为实施地的法律，该行为不再受处罚；

（二）行为人被行为实施地所在国法院最终裁定无罪或者被撤销起诉；

（三）如果行为人已被外国法院的终审判决定罪，且刑罚已全部执行，或者在未执行的情况下，刑罚已被赦免，或者外国法律规定的可执行期限已满；

（四）只要外国法院判决的执行被全部或部分中止。④

---

① 第六十四条第一款第十项由列支敦士登法律公报 2003 年第 236 号增加。

② 第六十四条第一款第十一项由列支敦士登法律公报 2003 年第 236 号废止。

③ 第六十五条第一款第二项由列支敦士登法律公报 2006 年第 100 号修改。

④ 第六十五条第四款第四项由列支敦士登法律公报 2006 年第 100 号增加。

五、如果列支敦士登法律规定的预防措施的条件适用，即使列支敦士登公民因前款所述的任何原因不能在列支敦士登受到处罚，也应下令对其采取预防措施。

第六十五 a 条[①] 对在国外犯罪的没收和剥夺令的适用范围扩大

没收和剥夺令的规定也适用于列支敦士登境内与犯罪有关的资产和物品，该犯罪行为根据行为实施地的法律应予处罚，但是根据第六十二条至第六十五条，不受列支敦士登刑法管辖的除外。

第六十六条 对在国外服刑情况的考虑

如果行为人已经因其在列支敦士登受到处罚的行为在国外服刑，则其在国外已服的刑期应计入在列支敦士登的刑期。

第六十七条 行为的时间和地点

一、行为人应被认为在其行为或应当行为时实施了可判处刑罚的行为。这与结果何时发生无关。

二、行为人应被认为在其行为或应当行为的任何地方，或在与犯罪要件相对应的结果全部或部分发生的地方，或者按照行为人的设想应当发生的地方，实施了可判处刑罚的行为。

---

① 第六十五 a 条由列支敦士登法律公报 2006 年第 161 号修改。

第八章　定　　义

第六十八条　时间的计算

年和月应根据日历计算。期间的计算方式应不包括期间开始事件的当日。期间应在最后一天届满时结束。

第六十九条　公开实施犯罪

只有当一个行为能够被很多人直接感知时，才应被视为是在公共场合实施的。

第七十条　以营利为目的的实施犯罪

任何人以通过重复实施某行为获得常规收入为目的而实施该行为的，该人应被视为以营利为目的的实施犯罪。

第七十一条　有害倾向

如果应受惩罚的行为是针对同样的法律利益，或者是出于同样的应受谴责的动机或同样的品格缺失，则应视为具有同样的有害倾向。

第七十二条①　亲属

一、一个人的亲属应被视为该人的直系血亲或姻亲，该人的配偶或注册伴侣以及配偶或注册伴侣*的兄弟姐妹，该人的兄弟姐妹及其配偶或注册伴侣，子女和孙子女，该人父母和祖父母的兄弟姐妹，该人的同辈表亲（或堂亲），该

---

① 第七十二条由列支敦士登法律公报2011年第379号修改。

* 注册伴侣关系是包含了大部分婚姻权利义务的一种准婚姻关系，通常出现在承认同性结合但又不承认其与普通婚姻具有相同地位的国家。2011年3月，列支敦士登国会通过同性民事伴侣关系法案。其后，对《刑法典》中“亲属”的定义作了修改。——译者注

人子女的父亲或母亲，该人的收养父母和寄养父母，该人的收养子女和寄养子女，未成年人的监护人和该人的被监护人。①

二、以事实上的终身伴侣关系生活在一起的人应被视为亲属，其中一人的子女和孙子女也应被视为另一人的亲属。

第七十三条 外国的定罪

除非法律明确指的是国内法院的定罪，如果在外国被定罪者的行为根据列支敦士登公国的法律也应受到司法处罚，并且根据《欧洲保护人权和基本自由公约》第六条的原则在诉讼程序中实施的，则外国的定罪应视为等同于国内定罪。

第七十四条 其他定义

一、就本法案而言，下列术语应具有如下含义：

（一）未达法定年龄者：未满十四岁的人。

（二）青少年：已满十四岁尚未满十八岁的人。

（三）未成年人：未满十八岁的人。②

（四）官员：以国家、市政协会、市政当局或公法规定的其他人（教会或宗教团体除外）的名义任命，作为其代表单独或与其他人一起执行法律行为，或以其他方式受委托负责国家行政或市政管理的任何人；官员还应包括根据另一法律或根据政府间条约在国内部署时与列支敦士登官员享受同等待遇的任何人。③

（四 a）公职人员指下列情况的任何人：④

1. 为国家、市政协会、市政当局、公法规定的其他人（教会或宗教团体除外），为另一个国家或国际组织，作为其机构代表或雇员行使立法、行政或司法职责；

2. 以其他方式被授权代表第一目所列的任何法人实体在执行法律时行使

---

① 第七十二条第一款由列支敦士登法律公报 2019 年第 124 号修改。

② 第七十四条第一款第三项由列支敦士登法律公报 2000 年第 46 号修改。

③ 第七十四条第一款第四项由列支敦士登法律公报 2016 年第 161 号修改。

④ 第七十四条第一款第四 a 项由列支敦士登法律公报 2016 年第 161 号修改。

公职;或者

3. 担任某个公司的法人代表或雇员,该公司由一家或多家国内或国外地区主管部门直接或间接持有超过50%的资本、股本或股权,由某个此种地区主管部门单独或与其他此种地区主管部门共同经营,或者由某个此种地区主管部门通过金融或其他经济或组织措施实际控制。

(四b)仲裁员:根据《民事诉讼法》第六百零三条及其后续条款,位于列支敦士登或尚未确定地点的仲裁法院(列支敦士登仲裁员)或者位于外国的仲裁法院的裁判人员。①

(五)危险性威胁:关于对身体、自由、荣誉、财产或个人生活领域造成伤害的威胁,通过提供可获取、公布或发布事实或图像记录的方式,能够让受威胁者有充分理由感到担忧,同时考虑到情况和受威胁者的个人特征或受威胁伤害的严重性,不区分所威胁的伤害是针对受威胁者本人、其亲属、受其保护的其他人还是与其关系密切的人。②

(六)有价值的对价:任何可以用货币来估值的对价,即使该对价是给他人的,而不是给提供或给予的人。

(七)文件:为确立、改变或废除一项权利或法律关系或证明具有法律意义的事实而起草的任何书面文件。

(八)计算机系统:为自动数据处理服务的独立设备和连接设备。③

(九)非现金支付手段:表明发行人的任何个人的或可转让的实物支付手段,通过编码、设计或签名以防止伪造或滥用,并在法律交易中具有取代现金或服务于现金支出的功能。④

(十)关键基础设施:为维持公共安全、国防或保护平民免遭战争威胁、公共信息和通信技术运作、预防或抗击灾害、公共卫生服务、公共供水、能源和生存所必需的物资供应、公共废物处理和污水处理服务或者公共交通所必需的设

---

① 第七十四条第一款第四b项由列支敦士登法律公报2016年第161号增加。

② 第七十四条第一款第五项由列支敦士登法律公报2019年第124号修改。

③ 第七十四条第一款第八项由列支敦士登法律公报2009年第228号增加。

④ 第七十四条第一款第九项由列支敦士登法律公报2019年第124号增加。

施、厂房、系统或其组成部分。①

一 a、就本法而言，数据应被认为包括个人和非个人数据以及程序。②

二、如果一项规定提及“物品”或“货物”一词，则应比照适用于动物。③

三、高管是指对公司管理有重大影响的企业员工。经理、执行董事会或董事会成员以及授权签字人应等同于高管。④

① 第七十四条第一款第十项由列支敦士登法律公报 2019 年第 124 号增加。

② 第七十四条第一 a 款由列支敦士登法律公报 2009 年第 228 号增加。

③ 第七十四条第二款由列支敦士登法律公报 2003 年第 157 号增加。

④ 第七十四条第三款由列支敦士登法律公报 2016 年第 161 号增加。

第九章　法人的责任[①]

第七十四 a 条[②]　责任

一、如果法人违反了法律，则法人应对其管理人员在开展业务活动过程中以及在法人目的(基本行为)框架内非法和可罚地实施的任何越轨行为和犯罪承担责任。

二、法人应指：

(一)登记在商业登记册中的法人，以及在列支敦士登既无住所也无营业场所或设立地点的法人，只要根据国内法这些法人必须在商业登记册中登记；以及

(二)未列入商业登记册中的基金会和协会，以及在列支敦士登既无住所也无营业场所或设立地点的基金会和协会。[③]

三、管理人员指下列人员：

(一)被授权在对外关系中代表法人；

(二)以领导者身份行使控制权；或者

(三)对法人的经营管理有重大影响。

四、法人的雇员所实施的基本行为，即使不应受惩罚，只有在第三款所界定的管理人员未采取必要和合理的措施防止这种基本行为而使该行为得以发生或者在很大程度上促进了该行为的发生时，法人才应承担责任。

---

① 第七十四 a 条前面的标题由列支敦士登法律公报 2010 年第 378 号增加。

② 第七十四 a 条由列支敦士登法律公报 2010 年第 378 号增加。

③ 第七十四 a 条第二款由列支敦士登法律公报 2013 年第 6 号修改。

五、法人对该基本行为的责任与管理人员或员工对同一行为的刑事责任不应相互排斥。

第七十四b条[①]　法人罚金

一、法人对基本行为负有责任的,对该法人应处法人罚金。

二、法人罚金按日费率计算,至少为一日费率。

三、日费率的数量有下列情形:

行为可判处终身监禁或二十年以下监禁的,不得超过一百八十日费率;

行为可判处十五年以下监禁的,不得超过一百五十五日费率;

行为可判处十年以下监禁的,不得超过一百三十日费率;

行为可判处五年以下监禁的,不得超过一百日费率;

行为可判处三年以下监禁的,不得超过八十五日费率;

行为可判处二年以下监禁的,不得超过七十日费率;

行为可判处一年以下监禁的,不得超过五十五日费率;

其他情况下,不得超过四十日费率。

四、日费率应根据法人的收入情况进行评估,除收入情况外,还应考虑其经济能力。应以相当于公司年收入的三百六十分之一或者低于或超过该金额至多三分之一的金额来估算,但至少一百法郎,最多一万五千法郎。如果法人为公共利益、人道主义或教会目的服务,或如果法人是非营利性的,则每日费率应至少为四法郎,最多为一千法郎。

五、日费率的数量应根据作为处罚基础的行为的严重性和后果以及该法人组织管理缺陷的严重性来确定。此外,应考虑法人在行为后的行为,特别是其是否纠正了行为的后果。

第七十四c条[②]　附条件暂缓执行和指示

一、法人被判处法人罚金的,应当附条件暂缓执行法人罚金,并确定一年以上三年以下的考验期,并且酌情发出指示(第三款),如果这足以阻止该法人继

① 第七十四b条由列支敦士登法律公报2010年第378号增加。

② 第七十四c条由列支敦士登法律公报2010年第378号增加。

续实施应承担责任的行为(第七十四 a 条),以及没有必要执行该法人罚金以阻止其他法人实施犯罪活动。在这方面,尤其应当考虑行为的性质、管理缺陷的严重性、法人的前科定罪、管理人员的可靠性以及法人在行为之后采取的措施。

二、法人被判处法人罚金,且第一款所述条件适用于法人罚金的一部分的,则该部分罚金的三分之一以上六分之五以下,应当附条件暂缓执行,并应确定一年以上三年以下的考验期,且视情况发出指示(第三款)。

三、对法人判处的罚金附条件地全部或部分暂缓执行的,法院可以发出指示,对法人采取技术、组织或人事方面的措施,以阻止该法人继续实施应被惩处的行为。在任何情况下,应指示法人在尚未发生的情况下,尽其所能纠正其行为造成的损害。

第七十四 d 条[①] 法定继承

一、法人的权利和义务以概括继承的方式转移给其他法人的,本法或者《刑事诉讼法典》规定的法律后果应适用于法定继承人。施加于被继承人的法律后果对法定继承人也同样有效。

二、法人的所有权情况基本相同,且经营活动基本持续的,单一继承应视为等同于概括继承。

三、存在多个法定继承人的,可以对任何一个法定继承人执行法人罚金。其他法律后果可以归因于个别法定继承人,只要这些法律后果影响到他们的活动领域。

第七十四 e 条[②] 国内管辖

根据法律,列支敦士登刑法对在国外实施的行为的法律效力取决于行为人在列支敦士登的居住地或住所或行为人的列支敦士登公民身份的,法人的住所或营业地或设立地点应是确定的。

① 第七十四 d 条由列支敦士登法律公报 2010 年第 378 号增加。

② 第七十四 e 条由列支敦士登法律公报 2010 年第 378 号增加。

第七十四 f 条[1]　可执行性的限制

被判处的法人罚金的可执行时效期间为十年。

第七十四 g 条[2]　一般刑法的适用

一、在所有其他方面，一般刑法也应比照适用于法人，但专门适用于自然人的除外。

二、法人被判处法人罚金的，不适用有关法人对罚金和费用承担连带责任的法律规定。

---

① 第七十四 f 条由列支敦士登法律公报 2010 年第 378 号增加。

② 第七十四 g 条由列支敦士登法律公报 2010 年第 378 号增加。

第二编

分　则

第一章　侵害生命与身体的犯罪

第七十五条　谋杀

杀害他人的，应处十年以上二十年以下监禁或者终身监禁。

第七十六条　非预谋杀人

被通常可理解的极端情绪所裹挟并因此杀害他人的，应处五年以上十年以下监禁。

第七十七条　基于承诺杀人

在他人的真诚和坚持要求下杀害他人的，应处六个月以上五年以下监禁。

第七十八条　参与自杀

出于应受谴责的动机，诱使他人自杀或帮助他人自杀的，应处六个月以上五年以下监禁。

第七十九条[①]　杀害婴儿

在分娩期间或者在分娩过程中杀害孩子的母亲，应处六个月以上五年以下监禁。

第八十条[②]　疏忽杀人

一、因疏忽导致他人死亡的，应处一年以下监禁或者720日以下罚金。

二、该行为导致数人死亡的，应处二年以下监禁。

第八十一条[③]　严重疏忽杀人

一、因严重疏忽（第六条第三款）造成他人死亡的，应处三年以下监禁。

---

① 第七十九条由列支敦士登法律公报2019年第124号修改。

② 第八十条由列支敦士登法律公报2019年第124号修改。

③ 第八十一条由列支敦士登法律公报2019年第124号修改。

二、任何人在行为之前(即使只是由于疏忽)通过饮酒或者使用其他致人醉酒的物质而使自己处于未丧失精神能力的醉酒状态之后,因疏忽造成他人死亡的,也应受到同样的处罚。即使该人预见到或者本应预见到其将从事在该状态下能够对他人的生命、健康或人身安全造成或增加危险的行为。

三、因严重疏忽(第六条第三款)或在第二款所述情况下导致大量人员死亡的,应处六个月以上五年以下监禁。

第八十二条　遗弃

一、将他人置于无助的境地并将他人遗弃于此种境地,危及他人生命的,应处六个月以上五年以下监禁。

二、行为人将受其监护的人或其有义务救助的人(第二条)置于无助的境地,危及被监护人或被救助者的生命的,也应受到同样的处罚。

三、该行为导致被害人死亡的,应处一年以上十年以下监禁。

第八十三条　人身伤害

一、伤害他人身体或损害他人健康的,应处一年以下监禁或七百二十日以下罚金。①

二、对他人实施身体上的虐待,从而疏忽地对他人造成伤害或损害其健康的,也应受到同样的处罚。

第八十四条②　加重的人身伤害

一、行为人对他人实施身体上的虐待,从而疏忽地对他人造成健康损害持续超过二十四日或丧失工作能力,或者对自身造成严重损害或对健康造成损害的,应处三年以下监禁。

二、对在执行职务过程中的官员、证人或专家或者因其执行职务而对其实施身体伤害行为的(第八十三条第一款或第二款),也应受到同样的处罚。

三、在没有可理解的理由和使用重大武力的情况下,至少实施了三项独立行为(第八十三条第一款或第二款)的,也应受到同样的处罚。

---

① 第八十三条第一款由列支敦士登法律公报 2019 年第 124 号修改。

② 第八十四条由列支敦士登法律公报 2019 年第 124 号修改。

四、伤害他人的身体或者损害他人的健康，即使只是由于疏忽，对他人的身体造成严重伤害或损害他人健康（第一款）的，应处六个月以上五年以下监禁。

五、实施身体伤害行为有以下情形的，也应受到同样的处罚（第八十三条第一款或第二款）：

（一）以一种通常会有死亡风险的方式；

（二）由至少两个人一致行动；

（三）造成巨大的痛苦。

第八十五条①　具有严重且持久后果的身体伤害

一、对他人实施身体上的虐待，从而疏忽地导致下列永久性或长期性的后果的，应处六个月以上五年以下监禁：

（一）言语、视力、听力或生育能力的丧失或严重损害；

（二）严重残缺或明显毁容；或者

（三）受害方遭受严重痛苦，长期患病或无法工作。

二、伤害他人身体或者损害他人健康，即使只是由于疏忽，对他人造成严重且持久后果（第一款）的，应处一年以下十年以下监禁。

第八十六条②　身体伤害导致死亡

一、对他人实施身体上的虐待，从而疏忽地导致他人死亡的，应处一年以上十年以下监禁。

二、伤害他人身体或者损害他人健康，从而疏忽地导致他人死亡的，应处一年以上十五年以下监禁。

第八十七条③　故意的严重身体伤害

一、故意对他人造成严重身体伤害的（第八十四条第一款），应处一年以上十年以下监禁。

二、故意伤害行为造成严重且持久后果的（第八十五条），应处一年以上十

① 第八十五条由列支敦士登法律公报2019年第124号修改。

② 第八十六条由列支敦士登法律公报2019年第124号修改。

③ 第八十七条由列支敦士登法律公报2019年第124号修改。

五年以下监禁；该行为导致被害人死亡的，应处五年以上十五年以下监禁。

第八十八条　过失造成的身体伤害

一、因疏忽而对他人身体造成伤害或对他人健康造成损害的，应处三个月以下监禁或者一百八十日以下罚金。

二、如果行为人没有重大疏忽（第六条第三款），并且如果具有下列情形[①]，则不应根据第一款对行为人进行处罚：

（一）被害人与行为人有血缘关系或婚姻关系，是行为人的配偶、注册伴侣或兄弟姐妹，或者根据第七十二条第二款被视为行为人的亲属；

（二）该行为未导致他人健康受损或无法工作超过十四日；

（三）行为人是正规的医疗职业从业者，且身体伤害是在其职业活动中造成的。

三、因重大疏忽（第六条第三款）或者在第八十一条第二款所述情况下，对他人身体造成伤害或对他人健康造成损害的，应处六个月以下监禁或者三百六十日以下罚金。[②]

四、第一款所述行为导致严重身体伤害的（第八十四条第一款），应处六个月以下监禁或三百六十日以下罚金。第三款所述行为导致严重身体伤害的（第八十四条第一款），应处二年以下监禁，但如果该行为导致很多人严重身体伤害（第八十四条第一款），则应处三年以下监禁。[③]

第八十九条[④]　对人身安全的危险

因重大疏忽（第六条第三款）或因第八十一条第二款所述情况下的疏忽，对他人的生命、健康或人身安全造成危险的，应处三个月以下监禁或一百八十日以下罚金。

第九十条　被害人同意

一、受伤害的人或处于危险中的人同意身体伤害或对人身安全的危险，并

---

① 第八十八条第二款由列支敦士登法律公报 2019 年第 124 号修改。

② 第八十八条第三款由列支敦士登法律公报 2019 年第 124 号修改。

③ 第八十八条第四款由列支敦士登法律公报 2019 年第 124 号修改。

④ 第八十九条由列支敦士登法律公报 2019 年第 124 号修改。

且此种伤害或危险不违反公共道德的,身体伤害或对人身安全的危险不属于违法行为。

二、在年满二十五岁的人同意的情况下,或者出于其他原因,不违反道德的情况下,医生对其实施绝育手术的行为不违法。

三、不得同意对生殖器的任何切割或其他任何可能导致性感觉永久受损的伤害。①

第九十一条　斗殴

一、积极参与涉及多人的斗殴或袭击的,如果此种斗殴和袭击导致他人的严重身体伤害(第八十四条第一款),则行为人仅因参与斗殴,应处一年以下监禁或七百二十日以下罚金。但是,如果导致他人死亡,则应处二年以下监禁。②

二、不能因其参与而被谴责的行为人不应受到处罚。

第九十二条　对未达法定年龄者、青少年或无防卫能力者造成痛苦或者忽视

一、对受其照顾或监护的人造成身体上或心理上的痛苦,而被照顾或被监护的人未满十八岁或因体弱、疾病或精神障碍而无法自卫的,应处二年以下监禁。③

二、严重忽视对他人的照顾或监护义务,即使只是由于疏忽,对被照顾者或被监护者的健康或身心发展造成很大损害的,应受到同样的处罚。

三、该行为导致严重的身体伤害的(第八十四条第一款),应处三年以下监禁;该行为导致身体伤害并造成严重且持久的后果的(第八十五条),应处五年以下监禁。该行为导致被害人死亡的,应处一年以上十年以下监禁。

第九十三条　使未达法定年龄者、青少年或需温和对待者过度劳累

一、出于恶意或冷酷无情,对依赖其或受其照顾或监护且未满十八岁的人过度施压,或鉴于该他人的健康状况,显然需要温和对待,并且过度施压导致死

---

① 第九十条第三款由列支敦士登法律公报2011年第184号增加。

② 第九十一条第一款由列支敦士登法律公报2019年第124号修改。

③ 第九十二条第一款由列支敦士登法律公报2011年第184号修改。

亡或严重身体伤害的危险，或对被施压者健康造成损害，即使只是由于疏忽，应处二年以下监禁。

二、该行为具有第九十二条第三款所述的任何后果的，应处该款规定的刑罚。

第九十四条 抛弃被害人

一、行为人未向其造成身体伤害（第八十三条）的他人提供必要的帮助，即使不是非法的，应处一年以下监禁或七百二十日以下罚金。①

二、遗弃行为导致被害人严重的身体伤害（第八十四条第一款）的，应处二年以下监禁；遗弃行为导致被害人死亡的，应处三年以下监禁。

三、不能期待行为人提供帮助的，应认为其无罪。尤其是如果此种帮助必然会导致死亡或严重身体伤害的风险或者损害健康或侵犯其他重要利益，则不能期待行为人提供帮助。

四、行为人所造成的伤害已经受到相同或更严厉的刑法处罚的，不应根据第一款和第二款对其进行处罚。

第九十五条 未提供帮助

一、发生事故或危及公共安全（第一百七十六条）的情况下，行为人未能提供明显必要的帮助，以将他人从死亡或严重身体伤害或健康损害的危险中解救出来的，应处六个月以下监禁或三百六十日以下罚金；但是，未提供帮助导致他人死亡的，应处一年以下监禁或七百二十日以下罚金，除非不能合理地期待行为人提供援助。②

二、如果提供帮助必然会对生命或身体造成危险或者侵犯其他重大利益，则尤其不能期待其提供帮助。

---

① 第九十四条第一款由列支敦士登法律公报2019年第124号修改。

② 第九十五条第一款由列支敦士登法律公报2019年第124号修改。

第二章　终止妊娠的犯罪

第九十六条　终止妊娠

一、经孕妇同意，终止妇女怀孕的，应处一年以下监禁或七百二十日以下罚金；如果基于商业目的实施该行为的，应处三年以下监禁。[①]

二、直接行为人不是医生的，应处三年以下监禁；其行为基于商业目的或导致孕妇死亡的，应处六个月以上五年以下监禁。

三、怀孕妇女自行终止妊娠或者允许非医生的他人为其终止妊娠的，应处一年以下监禁或七百二十日以下罚金。[②]

四、以下情形下终止妊娠的，不应根据第一款和第三款处罚：

（一）为避免孕妇生命遭遇严重危险或健康受到无法避免的严重损害，或孕妇在怀孕时未达法定年龄，或者被强奸（第二百条）或性侵害（第二百零一条）或者无防卫能力或精神障碍的人被性虐待（第二百零四条），并且怀孕是由此类行为造成的；此外，如果在所有这些情况下，怀孕是由医生终止的。或者[③]

（二）在无法及时获得医疗救助的情况下，终止妊娠是为了使孕妇免遭无法避免的直接生命危险。

第九十七条　未经孕妇同意终止妊娠

一、未经孕妇同意终止妊娠的，应处三年以下监禁；造成孕妇死亡的，应处六个月以上五年以下监禁。

---

① 第九十六条第一款由列支敦士登法律公报 2019 年第 124 号修改。

② 第九十六条第三款由列支敦士登法律公报 2019 年第 124 号修改。

③ 第九十六条第四款第一项由列支敦士登法律公报 2015 年第 111 号修改。

二、在不能及时获得孕妇同意的情况下，如果终止妊娠是为了使孕妇免遭无法避免的直接生命危险，则行为人不应按照第一款被处罚。

第九十八条　对孕妇的严重疏忽干预

任何人在未仔细确认第九十六条第四款和第九十七条第二款所列任何危险确实适用的情况下，错误地假设存在此类危险，并根据此类假设终止妊娠或导致孕妇容忍终止妊娠或者以其他方式促成终止妊娠的，如果其是医生，应处一年以下监禁；如果其不是医生，则应处六个月以下监禁或三百六十日以下罚金。

第九十八a条　提供终止妊娠的服务与宣布终止妊娠的方式

任何人公开地并以促进终止妊娠为目的而提供来自自己或他人的终止妊娠服务，或者宣布、宣传、展示或以其他方式提供任何手段、物品或程序模式的，应处一年以下监禁或三百六十日以下罚金。

第三章　侵犯自由的犯罪

第九十九条　剥夺自由

一、非法监禁他人或者以任何其他方式剥夺他人人身自由的，应处三年以下监禁。

二、持续剥夺他人自由一个月以上，或以给被拘禁者造成额外痛苦的方式实施拘禁，或者在对被拘禁者造成特别严重不利的情况下实施拘禁的，应处一年以上十年以下监禁。

第一百条[①]　绑架精神病患者或无防卫能力者

绑架精神病患者或处于无防卫能力状态的人，以对该人实施性虐待或使该人参与性行为的，应处六个月以上五年以下监禁。

第一百零一条[②]　绑架未达法定年龄者

绑架未达法定年龄者以对其进行性虐待，或者使该未达法定年龄者参与性行为的，应处六个月以上五年以下监禁。

第一百零二条　勒索性绑架

一、未经他人同意，以武力或通过危险威胁或欺骗获得同意，绑架或者以其他方式控制他人，以胁迫第三方做出行为、默许或不作为的，应处十年以上二十年以下监禁。

二、下列行为也应受到同样的处罚：

（一）为第一款所述目的，绑架或以其他方式控制未达法定年龄者或精神

① 第一百条由列支敦士登法律公报 2001 年第 16 号修改。

② 第一百零一条由列支敦士登法律公报 2001 年第 16 号修改。

病患者,或处于无防卫能力状态的人;或者

(二)利用绑架或以其他方式获得对他人的控制,胁迫第三方做出行为、默许或不作为,而该绑架或其他方式并不具有胁迫目的。

三、行为导致被绑架者或以其他方式被行为人控制的人死亡的,应处十年以上二十年以下监禁或终身监禁。

四、行为人自愿放弃所期望的行为,并允许被绑架者或以其他方式被行为人控制的人返回其通常的环境而不受严重损害的,应处六个月以上五年以下监禁。

第一百零三条 交付给外国

一、在未经他人同意的情况下,以武力或通过危险性威胁或欺骗获得同意的方式将他人交付给外国,以及将未达法定年龄者或精神病患者或处于无防卫能力状态的人交付给外国的,如果行为人或被交付者是列支敦士登公民,或者被交付者在行为当时在列支敦士登,对行为人应处十年以上二十年以下监禁。

二、被害人没有因该行为而面临任何重大危险的,行为人应被处五年以上十年以下监禁。

第一百零四条 奴隶贸易

一、从事奴隶贸易的,应处十年以上二十年以下监禁。

二、造成他人被奴役或陷入类似境地,或造成他人沦为奴隶或类似奴隶处境的,也应受到同样的处罚。

第一百零四 a 条[①] 贩运人口

一、任何人以不诚实的手段(第二款)招募、收容或以其他方式收留、运送,或者提供或移交一个成年人给他人,意图剥削该成年人(第三款)的,应处六个月以上五年以下监禁。

二、不诚实的手段应包括使用武力或危险性威胁,在事实方面进行欺骗,利用权力地位、困境、精神疾病或使人无法自卫的状况,恐吓以及为移交对人员的控制而给予或接受利益。

---

① 第一百零四 a 条由列支敦士登法律公报 2007 年第 186 号增加。

三、剥削应包括性剥削、器官摘除剥削、劳动剥削、乞讨剥削以及为实施应受惩罚行为而剥削。

四、任何人作为犯罪集团的一部分，使用严重武力或以故意或严重疏忽(第六条第三款)危及他人生命或对他人造成特别严重不利的方式实施行为的，应处一年以上十年以下监禁。

五、任何人招募、收容或以其他方式收留、运送，或者提供或移交未成年人给他人，意图剥削未成年人(第三款)的，也应处一年以上十年以下监禁。

第一百零五条　胁迫

一、以武力或危险威胁来胁迫他人实施、默许或不实施行为的，应处一年以下监禁或七百二十日以下罚金。[①]

二、如果使用武力或威胁作为达到预期目的的手段，不违背公共道德的，则该行为不违法。

第一百零六条　加重的胁迫[②]

一、任何人通过下列方式实施胁迫的[③]，应处六个月以上五年以下监禁[④]：

(一)死亡威胁，严重致残或明显毁容，绑架，纵火，通过核能、电离辐射或爆炸制造危险，或破坏生计或社会地位；[⑤]

(二)通过这些手段并在较长一段时间内使被胁迫者或受武力或危险性威胁的他人处于痛苦状态；或者[⑥]

(三)诱使被胁迫者卖淫，或参与色情表演(第二百一十五a条第三款)，终止妊娠(第九十六条)或者做出、默许或不做出某种行为，且此种作为、默许或

---

① 第一百零五条第一款由列支敦士登法律公报2019年第124号修改。

② 第一百零六条的标题由列支敦士登法律公报2011年第184号修改。

③ 第一百零六条第一款的引导句由列支敦士登法律公报2011年第184号修改。(本书中的“引导句”和“末句”是针对在法条原文中所处的位置而言的，翻译过程中为了使中文叙述顺畅对语序作了调整，但注释内容与原文保持一致，未作改动，以下同。——译者注)

④ 第一百零六条第一款的末句由列支敦士登法律公报2011年第184号修改。

⑤ 第一百零六条第一款第一项由列支敦士登法律公报2011年第184号修改。

⑥ 第一百零六条第一款第二项由列支敦士登法律公报2011年第184号修改。

不作为侵犯了受胁迫者或第三方的特别重要利益。[①]

二、胁迫行为导致被胁迫者或遭受武力或危险性威胁的他人自杀或企图自杀的，对胁迫者应处一年以上十年以下监禁。[②]

三、任何人作为犯罪集团的一部分，对未达法定年龄者实施强迫卖淫或参与色情表演的行为，使用严重武力，或以故意或严重疏忽的方式（第六条第三款）危及他人生命，或该行为对他人造成特别严重的损害的，也应受到同样的处罚。[③]

第一百零六 a 条[④]　强迫婚姻

一、以武力或以武力相威胁，或以终止或剥夺家庭联系相威胁的方式，强迫他人缔结婚姻或注册伴侣关系的，应处六个月以上五年以下监禁。

二、任何人意图强迫他人在其国籍国或惯常居住地以外的国家缔结婚姻或者注册伴侣关系（第一款），通过欺骗手段诱使该人参与该计划，或以武力或危险威胁，或以终止或剥夺家庭联系相威胁，胁迫该人前往另一个国家，或者以武力或利用该人对该计划的认识错误，将该人运送至另一个国家的，也应受到同样的处罚。

三、应比照适用第一百零六条第二款。

第一百零七条　危险性威胁

一、以具有危险性的方式威胁他人，以使其恐惧不安的，应处一年以下监禁或七百二十日以下罚金。[⑤]

二、以死亡威胁，严重致残或明显毁容，绑架，纵火，通过核能、电离辐射或爆炸制造危险，或破坏生计或社会地位等方式进行危险威胁的，或者以这些手段并在较长一段时间内使被胁迫者或受到武力或危险威胁的他人处于痛苦状

---

① 第一百零六条第一款第三项由列支敦士登法律公报 2019 年第 124 号修改。

② 第一百零六条第二款由列支敦士登法律公报 2019 年第 124 号修改。

③ 第一百零六条第三款由列支敦士登法律公报 2019 年第 124 号增加。

④ 第一百零六 a 条由列支敦士登法律公报 2019 年第 124 号增加。

⑤ 第一百零七条第一款由列支敦士登法律公报 2019 年第 124 号修改。

态的，应处三年以下监禁。[①]

三、在第一百零六条第二款所述的情况下，应处该款规定的刑罚。

四、已废止。[②]

第一百零七 a 条　持续跟踪[③]

一、非法持续跟踪他人的（第二款），应处二年以下监禁。[④]

二、[⑤]持续跟踪他人是指行为人以一种足以对该他人的生活方式造成不合理干扰的方式，在很长一段时间内持续下列行为：

（一）与该他人建立身体上的亲密关系；

（二）通过电子通信或使用其他通信手段或通过第三方与该他人建立联系；

（三）为该他人订购商品或服务，并为此目的使用该他人的个人资料；或者

（四）使第三方与他人联系，并为此目的使用该他人的个人资料。

三、上述行为导致第二款所述的被跟踪的人自杀或企图自杀的，对行为人应处三年以下监禁。[⑥]

第一百零七 b 条[⑦]　**持续使用武力**

一、持续和较长时间对他人使用武力的，应处三年以下监禁。

二、第一款中的使用武力是指行为人对他人实施身体虐待或故意地针对生命和身体或自由实施可惩罚的行为，第一百零七 a 条、第一百零八条和第一百一十条中规定的行为除外。

三、有下列情形的，处六个月以上五年以下监禁：

（一）对未达法定年龄者或因身体虚弱、疾病或精神障碍而无自卫能力的人实施犯罪；或者

---

① 第一百零七条第二款由列支敦士登法律公报 2011 年第 184 号修改。

② 第一百零七条第四款由列支敦士登法律公报 2011 年第 184 号废止。

③ 第一百零七 a 条的标题由列支敦士登法律公报 2007 年第 224 号增加。

④ 第一百零七 a 条第一款由列支敦士登法律公报 2019 年第 124 号修改。

⑤ 第一百零七 a 条第二款由列支敦士登法律公报 2007 年第 224 号增加。

⑥ 第一百零七 a 条第三款由列支敦士登法律公报 2019 年第 124 号修改。

⑦ 第一百零七 b 条由列支敦士登法律公报 2019 年第 124 号增加。

（二）通过该行为，对伤者的行为进行全面控制，或对伤者的自主生活方式予以相当大的限制。

四、任何人以造成痛苦的方式实施第三款所述行为，或作为第三款所述持续使用武力的一部分，实施多次侵犯性自决罪和其他性犯罪的，应处一年以上十年以下监禁。如果第三款所述行为导致身体伤害并产生严重且持续性后果（第八十五条），或者第三款提及的武力使用时间超过一年，则对行为人应处五年以上十五年以下监禁。但如果行为导致被害人死亡，对行为人应处十年以上二十年以下监禁。

五、如果根据其他规定，对该行为应予以更严厉的处罚，则不应按照上述规定处罚行为人。

第一百零七 c 条[①]　通过电子通信或计算机系统持续骚扰

一、任何人通过电子通信或使用计算机系统，以能够对他人的生活方式造成不合理干扰的方式，在较长时间内持续实施下列行为的，应处一年以下监禁或七百二十日以下罚金：

（一）以众多人可感知的方式损害他人的名誉；或者

（二）在未经他人同意的情况下，使其高度个人化的生活领域的事实或视频记录为众多人可感知。

二、该行为导致第一款被害人自杀或企图自杀的，对行为人应处三年以下监禁。

第一百零八条　欺骗

一、任何人故意在事实上欺骗他人或第三方，以诱使他人或第三方做出、默许或不做出某种行为，从而导致该他人的权利受到损害的，应处一年以下监禁或七百二十日以下罚金。[②]

二、只有在权利受到损害的人的授权下，行为人才能被起诉，除非该行为是通过欺骗官员执行公务的手段实施的。

---

① 第一百零七 c 条由列支敦士登法律公报 2019 年第 124 号增加。

② 第一百零八条第一款由列支敦士登法律公报 2019 年第 124 号修改。

第一百零九条　非法进入

一、任何人进入特定用于公共服务或服务于某一专业或行业的房屋、住宅、封闭财产,或进入直接属于房屋的封闭空间*,或者在前述空间内的人当权利人要求其立即离开而不离开的,应处三个月以下监禁或一百八十日以下罚金。

二、任何人以武力或武力威胁进入第一款所述空间,或者以武力或武力威胁拒绝权利人让其立即离开的请求的,应处一年以下监禁或七百二十日以下罚金。①

三、在此过程中,如果行为人以武力或者武力威胁进入第一款所述空间,有下列情形的,应处三年以下监禁:

(一)意图对位于其中的人或物品使用武力;或者

(二)其本人或据其所知,其他参与者(第十二条)携带武器或其他工具,以克服或防止他人的抵抗;或者

(三)多人强行进入。

四、如果行为人或其他参与者(第十二条),在明知权利人要求其立即离开的情况下,携带武器或其他工具以继续非法停留在第一款所述空间内,或者意图通过武力或武力威胁以使若干人继续非法停留在该空间内,则参与抵抗行为的人,仅因其参与行为,应处一年以下监禁。但是,任何人如果自己以武力或武力威胁进行抵抗,应处三年以下监禁。

五、不能因其参与行为(第四款)而被谴责的,不应受到处罚。

六、只有在本法典其他条款没有对非法进入行为规定更严厉处罚的情况下,行为人才因非法进入而受到处罚。

七、在第一款和第二款所述情况下,只有在得到权利受到损害者授权的情况下,才能起诉行为人。

第一百一十条　未经同意的医疗

一、未经他人同意而向他人提供治疗的,即使这种治疗符合医学标准,应处

---

* "直接属于房屋的封闭空间"是指那种跟 house 没有连在一起,但属于在所有权意义上被 house 涵括的封闭空间,比如储物室、车库之类的。——译者注

① 第一百零九条第二款由列支敦士登法律公报 2019 年第 124 号修改。

六个月以下监禁或三百六十日以下罚金。

二、如果行为人没有得到接受治疗的人的同意,假定任何医疗延误都会严重危及接受治疗者的生命或健康,则只有在假定的危险不存在,并且如果行为人采取了必要的注意,其本可以意识到这一点的情况下(第六条),才应根据第一款对行为人进行处罚。

三、只有在未经同意被治疗的人提出要求的情况下,才应起诉行为人。

第四章　侵犯名誉的犯罪

第一百一十一条　诽谤

一、任何人指控他人的卑鄙品质或态度、不光彩的行为或任何违反公共道德的行为，采用使第三方可感知的方式指控，并以能够在公共舆论中诽谤或贬低他人的方式进行的，应处六个月以下监禁或三百六十日以下罚金。

二、任何人采用印刷品、广播服务或任何其他可以使公众知晓的方式实施诽谤行为的，应处一年以下监禁或七百二十日以下罚金。①

三、如果上述指控被证明属实，则行为人不应受到处罚。在第一款所述情况下，如果提供的证据表明行为人有充分理由相信指控的内容属实，行为人也不应受到处罚。

四、只有行为人以主张的真实性或者其善意为依据，才能采用真实性证据和善意证据。对于涉及私人和家庭生活的事实，或者对于只有在第三方要求下才能起诉的罪行，不得允许作为真实性证据和善意证据。同样，对于以诬告他人为主要目的而提出或传播的事实和主张，也不得允许作为真实性证据和善意证据。

第一百一十二条　诬告

一、任何人指控他人的卑鄙品质或态度、不光彩的行为或任何违反公共道德的行为，采用使第三方可感知的方式指控，并以能够在公共舆论中诽谤或贬低他人的方式进行的，如果行为人知道（第五条第三款）该怀疑是不真实的，应

---

① 第一百一十一条第二款由列支敦士登法律公报2019年第124号修改。

处二年以下监禁或三百六十日以下罚金。

二、任何人采用印刷品、广播服务或任何其他可以使公众知晓该虚假指控的方式实施诬告行为的，应处三年以下监禁或三百六十日以下罚金。

第一百一十三条 对已服刑或已免除的司法上可罚行为的指控

任何人指控他人犯有已被执行刑罚、附条件缓刑或免除刑罚或者尚未宣判的罪行，并以第三方可知的方式作出上述指控的，应处三个月以下监禁或一百八十日以下罚金。

第一百一十四条 因特殊情况行使权利或胁迫不承担刑事责任

一、如第一百一十一条、第一百一十二条或第一百一十三条规定的任何行为是履行法律义务或行使权利，则该行为应是正当的。

二、在特殊情况下被迫提出第一百一十一条、第一百一十二条或第一百一十三条所述的指控的，不应受到处罚，除非指控是不真实的，并且如果行为人采取了必要的注意（第六条），其本可以意识到这一点。

第一百一十五条 侮辱

一、侮辱或嘲弄他人，对他人造成身体虐待或者威胁他人进行身体虐待，并以第三方可知的方式实施该行为的，应处一个月以下监禁或六十日以下罚金，除非根据其他规定，该行为应受到更严厉的处罚。

二、在公共场合或当着多人的面实施第一款行为的，应处三个月以下监禁或一百八十日以下罚金，除非根据其他规定，该行为将受到更严厉的处罚。

三、某一行为在多人面前实施，是指在除行为人和被害人以外的其他多于二个人面前实施，并且这些人能够察觉到该行为。

四、任何人仅因对他人的行为感到愤怒而不冷静，并因此以在当时情况下可以理解的方式侮辱或人身攻击或威胁对他人进行人身攻击的，如果其愤怒通常可以理解（尤其是从引发该愤怒的事件之后经过的时间来看），则应被认为无罪。

第一百一十六条 公开侮辱议会、政府或其他公共当局

第一百一十一条、第一百一十二条或者第一百一十五条所规定的行为，如果是针对议会、政府或其他公共当局公开实施的，也应受到处罚。第一百一十一条第三款和第四款以及第一百一十四条的规定也适用于此类犯罪。

第一百一十七条 授权起诉

一、任何侵犯名誉的犯罪，只有在名誉受到侵犯的人提出请求时，才应予以起诉。但是，如果此类行为针对的是亲王、议会、政府或其他公共当局，则应依职权予以起诉。为了起诉的目的，应获得被侵害人、被侵犯的议会或被侵犯的公共当局的授权。

二、如果侵犯名誉的犯罪针对的是在列支敦士登履行职务或者服务的官员或者教会或宗教团体的牧师，公诉人应在获得被害人及其监护人授权的情况下，在被害人可提出起诉请求的期限内起诉行为人。如果在印刷品、广播、电视或以公众可以接触到的任何其他方式，对上述人的职业行为实施此类行为，也同样适用。被害人应有权随时参与起诉。如果公诉人不起诉此种罪行或者撤回起诉，被害人本人应有权提出指控。在这种情况下，被害人提出指控的期限应在公诉人通知被害人不起诉或不继续起诉后立即开始。

三、如果根据第一百一十一条、第一百一十二条、第一百一十三条和第一百一十五条应予处罚的行为是针对死者或失踪者的名誉，则其配偶、注册伴侣、直系亲属及其兄弟姐妹有权请求起诉。①

① 第一百一十七条第三款由列支敦士登法律公报2011年第379号修改。

第五章　侵犯隐私与特定职业秘密的犯罪

第一百一十八条　侵犯书面文字的隐私和隐藏信件

一、任何人打开密封信件或任何其他不应为其所知的此类信件，应处三个月以下监禁或一百八十日以下罚金。

二、任何人为了获取文件内容而实施下列行为，而该文件不应为其本人或其他未经授权的人所知的，也应受到同样的处罚：

（一）打开装有此类文件的上锁的容器；或者

（二）使用技术手段以实现其目的，而无须打开书面文件的封条或容器的锁（第一项）。

三、任何人在收件人得知信件或其他书面文件之前，盗用或以其他方式隐藏该信件或其他书面文件（第一款）的，也应受到同样的处罚。

四、只有在被害人提出要求时，行为人才能被起诉。但是，如果该行为是由官员在行使职务中或利用其职务所提供的机会实施的，公诉人应当得到被害人的授权后起诉行为人。

第一百一十八 a 条① 非法访问计算机系统

一、任何人通过破解计算机系统中的特定安全防范措施，获得对其不能使用或不能单独使用的计算机系统的访问权，或获得对此类计算机部分系统的访问权，并具有下列情形的，应处六个月以下监禁或三百六十日以下罚金：

（一）为自己或为其他未经授权的人获取个人数据的信息，侵犯了相关人

---

① 第一百一十八 a 条由列支敦士登法律公报 2009 年第 228 号增加。

员的保密利益,且该信息值得保护;或者

(二)目的是通过使用存储在系统中的数据,而这些数据不是其应了解的,或通过使用计算机系统,对他人造成不利影响。

二、对作为关键基础设施(第七十四条第一款第十项)重要组成部分的计算机系统实施上述行为的,应处二年以下监禁。

三、只有在得到受害方授权的情况下,才能起诉行为人。

四、任何人作为犯罪集团的一部分实施第一款所述行为的,应处二年以下监禁;任何人作为犯罪集团的一部分实施第二款所述行为的,应处三年以下监禁。

第一百一十九条①　侵犯通信秘密

一、任何人将设备连接到通信或数据处理系统或者以其他方式准备设备以接收通信,为了让自己或其他未经授权的人获取通过电子通信网络传输的信息,而该信息并非该人应当获得的,对行为人应处六个月以下监禁或三百六十日以下罚金。

二、任何人使用与通信或数据处理系统相连接的设备,或为第一款所述目的准备接收通信的设备的,也应受到同样的处罚。

三、只有在得到受害方授权的情况下,才能起诉行为人。

第一百一十九 a 条②　不当拦截数据

一、任何人以为自己或为其他未经授权的人获取由计算机系统传输的数据信息为目的,而该数据信息不应为该人所获得,以及任何人以为自己或他人获取金钱利益或者通过自己使用该数据对他人造成不利影响为目的,将数据提供给其他不应获得该数据的人,或通过发布该数据,使用与计算机系统相连接的设备或准备接收通信的设备,或收集计算机系统的电磁辐射的,应处六个月以下监禁或者三百六十日以下罚金,除非该行为应根据第一百一十九条规定受到处罚。

---

① 第一百一十九条由列支敦士登法律公报 2006 年第 94 号修改。

② 第一百一十九 a 条由列支敦士登法律公报 2009 年第 228 号增加。

二、只有在得到受害方授权的情况下，才能起诉行为人。

第一百二十条　不当使用录音或窃听设备

一、任何人使用录音或窃听设备，为自己或其他未经授权的人获取他人非公开声明的信息，而该声明不应为该人所知的，应处一年以下监禁或七百二十日以下罚金。①

二、任何人未经发言人同意，将他人的非公开声明录音提供给第三方，而该声明不应为该第三方所知，或者发布任何此类录音的，也应受到同样的处罚。

二 a、任何人为了给自己或其他未经授权的人获取信息，记录、使其他未授权的人能够访问或者发布通过电子通信网络传输的信息，而该信息不应为该人所获得的，应处三个月以下监禁或一百八十日以下罚金，除非根据上述任何规定或其他规定，该犯罪可处更严厉的刑罚。②

三、只有在受害方提出要求时，才能起诉行为人。

第一百二十一条　侵犯职业秘密

一、任何[第一个]人披露或利用委托给其或者其能够接触到的秘密的，该[第一个]人属于下列职业，其披露或利用该信息可能侵犯使用过该[第一个]人的服务的人或者这些服务的使用对象的人的合法利益的，应处六个月以下监禁或三百六十日以下罚金：

(一)作为医生或从事其他医疗职业(《医疗法案》第六条)；③

(二)作为公证人、律师、法律代理人、受托人、审计师或专利律师；④

(三)作为青年、婚姻和家庭顾问或社会福利工作人员；

(四)作为履行与医院管理有关的专业职责或健康保险、意外保险、人寿保险或社会保障职责的人员。

二、为了给自己或他人牟取金钱利益，或为了使他人处于不利地位而实施

---

① 第一百二十条第一款由列支敦士登法律公报 2019 年第 124 号修改。

② 第一百二十条第二 a 款由列支敦士登法律公报 2006 年第 94 号增加。

③ 第一百二十一条第一款第一项由列支敦士登法律公报 2008 年第 34 号修改。

④ 第一百二十一条第一款第二项由列支敦士登法律公报 2022 年第 222 号修改。

该行为的，应处一年以下监禁或七百二十日以下罚金。①

三、任何由法院或其他当局为特定程序任命的专家，如果泄露或使用因其作为专家的活动而获得或仅由其获得的秘密，并且泄露或利用该秘密可能侵犯使用过其服务的人或这些服务的使用对象的人的合法利益，也应受到同样的处罚。

四、助理，即使他们不从事任何专业活动，以及为培训目的而参加活动的人员，也应与从事第一款和第三款所列活动的人员一样对待。

五、如果披露或利用的内容和形式符合公共的或合法的私人利益，则行为人不应受到处罚。

六、只有在保密利益受到侵犯的人提出要求时，才能起诉行为人（第一款和第三款）。

第一百二十二条　侵犯商业或贸易秘密

一、任何人披露或利用在其活动过程中作为法律或官方命令规定的监督、审查或调查的一部分而受委托或接触到的商业或贸易秘密（第三款），应处一年以下监禁或七百二十日以下罚金。②

二、任何人为了给自己或他人获取金钱利益，或者为了对他人造成不利影响而实施第一款规定的行为的，应处二年以下监禁。③

三、第一款只应涵盖行为人依法必须保护的商业或贸易秘密，并且披露或利用这些秘密会侵犯受监督、审查或调查影响的人的合法利益。

四、如果披露或利用信息的内容和形式符合公共的或合法的私人利益，则行为人不应受到处罚。

五、只有在保密利益受到侵犯的人提出要求时，才能起诉行为人（第三款）。

---

① 第一百二十一条第二款由列支敦士登法律公报 2019 年第 124 号修改。

② 第一百二十二条第一款由列支敦士登法律公报 2022 年第 222 号修改。

③ 第一百二十二条第二款由列支敦士登法律公报 2022 年第 222 号修改。

第一百二十二 a 条[1] **已废止**

第一百二十三条 窥探商业或贸易秘密

一、窥探商业或贸易秘密，意在利用该秘密、将其传递给他人利用或者向公众披露该秘密的，应处二年以下监禁。[2]

二、只有在受害方提出要求时，才能起诉行为人。

第一百二十四条[3] **窥探商业或贸易秘密以供国外使用**

一、任何人窥探商业或贸易秘密，意图让外国开发、使用或以其他方式利用的，应处一年以上三年以下监禁。

二、任何人披露其有义务保护的商业或贸易秘密，以便在国外进行开发、使用或用于其他用途的，也应受到同样的处罚。

---

① 第一百二十二 a 条由列支敦士登法律公报 2007 年第 19 号废止。

② 第一百二十三条第一款由列支敦士登法律公报 2019 年第 124 号修改。

③ 第一百二十四条由列支敦士登法律公报 2019 年第 124 号修改。

第六章　侵犯他人财产的犯罪

第一百二十五条　财产损失

一、毁损、破坏、污损或者使属于他人的物品无法使用的，应处六个月以下监禁或三百六十日以下罚金。*

第一百二十六条　严重损害财产

一、任何人对财产造成损害，具有以下情形的，应处二年以下监禁①：

（一）针对的是列支敦士登的教会或宗教团体用于宗教仪式或礼拜的物品；

（二）针对的是位于墓地或宗教活动场所内的坟墓、其他墓地、坟墓或死者纪念碑；

（三）针对的是一种被遗弃的自然元素、具有重要科学价值的古董或《文化财产法》规定的受保护文化财产；②

（四）针对的是公认的具有科学、民族学、艺术或历史价值的物品，该物品位于一般可接近的收藏或其他此类场所或公共建筑中；

（五）针对的是关键基础设施（第七十四条第一款第十项）的基本部分；或者③

（六）已废止；④

---

* 原文只有一款，无第二款，此处按原文翻译，未作变动。——译者注

① 第一百二十六条第一款的引导句由列支敦士登法律公报 2019 年第 124 号修改。

② 第一百二十六条第一款第三项由列支敦士登法律公报 2016 年第 274 号修改。

③ 第一百二十六条第一款第五项由列支敦士登法律公报 2019 年第 124 号修改。

④ 第一百二十六条第一款第六项由列支敦士登法律公报 2019 年第 124 号废止。

(七)行为人对物品造成超过七千五百法郎的损失。①

二、任何人通过该行为对物品造成超过三十万法郎的损失的,应处六个月以上五年以下监禁。②

第一百二十六 a 条 破坏数据

一、任何人对通过自动化处理、传输或提供的数据予以改变、删除或以其他方式使数据无法使用或者被隐藏,从而对他人造成损害,并且这些数据不是由行为人支配或不是由其单独支配的,应处六个月以下监禁或三百六十日以下罚金。③

二、任何人通过该行为对数据造成超过七千五百法郎的损失的,应处二年以下监禁。④

三、任何人通过使用计算机程序、计算机密码、访问代码或类似数据来破坏大量计算机系统,从而可以访问计算机系统或其一部分,而且这些工具由于其特殊性质,显然是为此目的而创建或改编的,应处三年以下监禁。⑤

四、任何人有下列行为的,应处六个月以上五年以下监禁⑥:

(一)通过其行为造成的损失超过三十万法郎;

(二)损害关键基础设施的基本部分(第七十四条第一款第十项);或者

(三)作为犯罪集团的成员实施该犯罪。

第一百二十六 b 条⑦ 干扰计算机系统运行

一、任何人如果通过输入或传输数据严重干扰计算机系统的运行,而该计算机系统是该人不能使用或不能单独使用的,应处六个月以下监禁或三百六十日以下罚金,前提是该行为未受到第一百二十六 a 条规定的处罚。

二、任何人通过该行为干扰计算机系统的运行,并持续一段时间的,应处二

---

① 第一百二十六条第一款第七项由列支敦士登法律公报 2019 年第 124 号修改。

② 第一百二十六条第二款由列支敦士登法律公报 2019 年第 124 号修改。

③ 第一百二十六 a 条第一款由列支敦士登法律公报 2009 年第 228 号修改。

④ 第一百二十六 a 条第二款由列支敦士登法律公报 2019 年第 124 号修改。

⑤ 第一百二十六 a 条第三款由列支敦士登法律公报 2019 年第 124 号增加。

⑥ 第一百二十六 a 条第四款由列支敦士登法律公报 2019 年第 124 号增加。

⑦ 第一百二十六 b 条由列支敦士登法律公报 2009 年第 228 号增加。

年以下监禁。[1]

三、任何人通过使用计算机程序、计算机密码、访问代码或类似数据严重干扰大量计算机系统，从而可以访问计算机系统或其一部分，而且这些工具由于其特殊性质，显然是为此目的而创建或改编的，则应处三年以下监禁。[2]

四、任何人有下列行为的，应处六个月以上五年以下监禁[3]：

（一）通过其行为造成的损失超过三十万法郎；

（二）针对作为关键基础设施（第七十四条第一款第十项）基本部分的计算机系统实施该犯罪；或者

（三）作为犯罪集团的成员实施该犯罪。

第一百二十六 c 条[4]　不当使用计算机程序或访问数据

一、任何人具有下列情形，并意图利用其实施第一项中所列罪行的，应处六个月以下监禁或三百六十日以下罚金：

（一）开发、发布、传播、转让、以其他方式接近、获取或持有某个计算机程序或任何类似装置，鉴于该程序的特殊性质，其显然已被开发或修改，以实施非法访问计算机系统（第一百一十八 a 条）、侵犯通信秘密（第一百一十九条）、不当拦截数据（第一百一十九 a 条）、破坏数据（第一百二十六 a 条）、干扰计算机系统运行（第一百二十六 b 条）的行为，或实施数据处理的欺诈性滥用（第一百四十八 a 条）；或者

（二）开发、发布、传播、转让、以其他方式接近、获取或持有计算机密码、访问代码或类似数据，以能够完全或部分访问计算机系统。

二、任何人自愿阻止以第一百一十八 a 条、第一百一十九条、第一百一十九 a 条、第一百二十六 a 条、第一百二十六 b 条或第一百四十八 a 条规定的任何方式使用第一款所述的计算机程序或类似设备或密码、访问码或任何类似数据的，不应根据第一款予以处罚。如果不存在任何此类使用的危险，或者此类危

---

① 第一百二十六 b 条第二款由列支敦士登法律公报 2019 年第 124 号修改。

② 第一百二十六 b 条第三款由列支敦士登法律公报 2019 年第 124 号增加。

③ 第一百二十六 b 条第四款由列支敦士登法律公报 2019 年第 124 号增加。

④ 第一百二十六 c 条由列支敦士登法律公报 2009 年第 228 号增加。

险的消除与行为人的贡献无关，而行为人在对此不知情的情况下自愿并认真地努力消除此类危险，则不应受到处罚。

第一百二十七条　盗窃

一、任何人拿走属于他人的任何动产，意图借此为自己或第三方获取不当利益的，应处六个月以下监禁或三百六十日以下罚金。

二、已废止。[①]

第一百二十八条　加重的盗窃

一、实施盗窃，具有下列情形的，应处三年以下监禁：

（一）在火灾、洪水或受害者处于某种一般的或特定的危难期间，或利用盗窃受害者无助的情况；

（二）在列支敦士登的教会或宗教团体用于宗教仪式或礼拜的场所；

（三）盗窃具有公认的科学、民族学、艺术或历史价值的物品，该物品位于一般可接近的收藏或其他此类场所或公共建筑中；

（四）盗窃关键基础设施（第七十四条第一款第十项）的基本部分；或者[②]

（五）盗窃价值超过七千五百法郎的物品。[③]

二、盗窃价值超过三十万法郎的物品的，应处一年以上十年以下监禁。[④]

第一百二十九条　入室或使用武器盗窃

实施盗窃，具有以下情形的，应处六个月以上五年以下监禁：

（一）通过进入建筑物、交通工具、住宅或其他任何封闭空间或储存场所，通过使用复制的或非法获得的钥匙、任何其他不适合正常打开的工具或非法获取的通行码而闯入、登上或穿过；[⑤]

（二）通过第一项所述的方式弄坏货柜或打开货柜；

---

① 第一百二十七条第二款由列支敦士登法律公报 2007 年第 186 号废止。

② 第一百二十八条第一款第四项由列支敦士登法律公报 2019 年第 124 号修改。

③ 第一百二十八条第一款第五项由列支敦士登法律公报 2019 年第 124 号增加。

④ 第一百二十八条第二款由列支敦士登法律公报 2019 年第 124 号修改。

⑤ 第一百二十九条第一项由列支敦士登法律公报 2019 年第 124 号修改。

（三）通过第一项中所述的方式弄断锁定装置或将其打开；或者[1]

（四）通过电子方式关闭进入障碍；或者[2]

（五）在此过程中，行为人或其他参与者（第十二条）在知情的情况下携带武器或其他手段，以克服或防止他人的抵抗。[3]

第一百三十条[4]　以营利为目的盗窃和作为犯罪集团成员盗窃

任何人基于商业目的或作为犯罪集团成员，在该集团其他成员的参与下（第十二条）实施盗窃的，应处六个月以上五年以下监禁。任何人实施加重的盗窃罪（第一百二十八条）或者以多次犯罪获取日常收入为目的，入室或使用武器盗窃（第一百二十九条）的，应处一年以上十年以下监禁。

第一百三十一条　使用武力的盗窃

任何人在犯罪现场实施盗窃时被抓获，对他人使用武力或以当场的生命或身体危险威胁他人（第八十九条），以便为自己或第三方保留被盗物品的，应处六个月以上五年以下监禁。但是，如果使用武力导致身体伤害并造成严重且持久性后果（第八十五条）或他人死亡的，应处五年以上十五年以下监禁。

第一百三十一 a 条[5]　数据盗窃

任何人获取通过自动化处理的数据，而这些数据不是由行为人支配或不是由其单独支配的，目的是为自己或为第三方获取不当利益，应处三年以下监禁或三百六十日以下罚金。这两种刑罚也可以同时适用。

第一百三十二条　能源盗窃

一、任何人意图为自己或第三方获取不当利益，从能源提取、转换、输送或储存设施中窃取能源的，应处六个月以下监禁或三百六十日以下罚金。

二、盗窃价值超过七千五百法郎的能源的，将被处三年以下监禁；盗窃价值

---

① 第一百二十九条第三项由列支敦士登法律公报 2019 年第 124 号修改。

② 第一百二十九条第四项由列支敦士登法律公报 2019 年第 124 号修改。

③ 第一百二十九条第五项由列支敦士登法律公报 2019 年第 124 号增加。

④ 第一百三十条由列支敦士登法律公报 2007 年第 186 号修改。

⑤ 第一百三十一 a 条由列支敦士登法律公报 2009 年第 228 号修改。

超过三十万法郎的能源的，应处一年以上十年以下监禁。[①]

第一百三十三条[②] 侵占

一、任何人意图不正当地为自己或第三方获取利益，为自己或为第三方侵吞委托给其的物品的，应处六个月以下监禁或三百六十日以下罚金。

二、侵占价值超过七千五百法郎的物品的，应处三年以下监禁；侵占价值超过三十万法郎的物品的，应处一年以上十年以下监禁。[③]

第一百三十四条 挪用

一、任何人意图不正当地为自己或第三方获取利益，为自己或为第三方挪用属于他人的物品，而该物品是其发现的或者因错误或与其无关的其他原因而被其保管的，应处六个月以下监禁或三百六十日以下罚金。[④]

二、任何人挪用属于他人的物品，该物品是其不以挪用为目的而保管的，也应受到同样的处罚。

三、任何人挪用价值超过七千五百法郎的属于他人的货物，应处二年以下监禁。任何人挪用价值超过三十万法郎的属于他人的货物，应处六个月以上五年以下监禁。[⑤]

第一百三十五条[⑥] 永久剥夺属于他人的物品

一、任何人在未为自己或第三方占有属于他人的动产的情况下，剥夺该他人对该动产的保管权，从而对他人造成损害的，应处六个月以下监禁或三百六十日以下罚金。

二、如果犯罪对象是第一百二十六条第一款第一项至第五项所列的物品或价值超过七千五百法郎的物品，应处二年以下监禁；如果犯罪对象是价值超过三十万法郎的物品，应处六个月以上五年以下监禁。[⑦]

---

① 第一百三十二条第二款由列支敦士登法律公报 2019 年第 124 号修改。

② 第一百三十三条由列支敦士登法律公报 2013 年第 73 号修改。

③ 第一百三十三条第二款由列支敦士登法律公报 2019 年第 124 号修改。

④ 第一百三十四条第一款由列支敦士登法律公报 2013 年第 73 号修改。

⑤ 第一百三十四条第三款由列支敦士登法律公报 2019 年第 124 号修改。

⑥ 第一百三十五条由列支敦士登法律公报 2013 年第 73 号修改。

⑦ 第一百三十五条第二款由列支敦士登法律公报 2019 年第 124 号修改。

第一百三十六条　未经授权使用车辆

一、任何人未经有权使用机动车辆的人同意而使用机动车辆的,应处六个月以下监禁或三百六十日以下罚金。①

二、任何人以第一百二十九条至第一百三十一条所述的方式控制车辆,从而使用车辆的,应处二年以下监禁。

三、犯罪行为对车辆及其货物造成的损害,或由于消耗经营资源造成的损害总计超过七千五百法郎的,应处二年以下监禁。但是,如果损失超过三十万法郎,应处三年以下监禁。②

四、如果行为人的配偶、注册伴侣、直系亲属、兄弟姐妹或与行为人同住一户的其他亲属被授权使用车辆,或者如果车辆是由行为人的授权雇主委托给行为人的,那么只有在权利受到损害的人提出要求时,行为人才应受到处罚。为此目的,临时授权不予考虑。③

第一百三十七条④　侵犯他人狩猎权或捕鱼权

侵犯他人的狩猎和捕鱼权利,为自己或第三方狩猎、捕鱼、杀害、伤害或侵占任何猎物或鱼类,或者破坏、毁损或为自己或第三方侵占他人狩猎或捕鱼权范围内的物品的,应处六个月以下监禁或三百六十日以下罚金。

第一百三十八条⑤　加重的侵犯他人狩猎权或捕鱼权

侵犯他人的狩猎或捕鱼权,有下列情形的,应处三年以下监禁:

(一)行为对象为价值超过七千五百法郎的猎物、鱼或其他属于他人狩猎或捕鱼权范围内的物品;⑥

(二)在禁渔期,或使用铁、毒饵、电力系统、炸药,对猎物或鱼类种群构成威胁,或对猎物使用陷阱;

---

① 第一百三十六条第一款由列支敦士登法律公报 2013 年第 73 号修改。

② 第一百三十六条第三款由列支敦士登法律公报 2019 年第 124 号修改。

③ 第一百三十六条第四款由列支敦士登法律公报 2011 年第 379 号修改。

④ 第一百三十七条由列支敦士登法律公报 2013 年第 73 号修改。

⑤ 第一百三十八条由列支敦士登法律公报 2013 年第 73 号修改。

⑥ 第一百三十八条第一项由列支敦士登法律公报 2019 年第 124 号修改。

（三）在参与者在场的情况下（第十二条），携带枪支或知道参与者携带枪支；或者

（四）基于商业目的。

第一百三十九条　起诉条件

如果行为人在其被授权在有限范围内狩猎的地方侵犯他人的狩猎权，或者行为人在其被授权在有限范围内捕鱼的地方侵犯他人的捕鱼权，根据第一百三十七条和第一百三十八条的规定，只有在拥有狩猎权或捕鱼权的人授权的情况下，才可以对行为人进行处罚。

第一百四十条　偷猎者使用武力

任何人在犯罪现场侵犯他人狩猎权或捕鱼权时，对他人使用武力或以当场的生命或身体危险威胁他人（第八十九条），以保留自己或第三方捕获的猎物或鱼类的，应处六个月以上五年以下监禁。但是，如果使用武力导致身体伤害并造成严重且持久后果（第八十五条）或他人死亡的，则应处五年以上十五年以下监禁。

第一百四十一条　剥夺

一、任何人剥夺他人的低价值物品，或出于需要、基于鲁莽或为了满足欲望将该物品据为己有或者为第三方占有的，除了该罪行被以盗窃、能源盗窃、侵占、挪用、永久剥夺他人物品或者侵犯他人的狩猎权或捕鱼权等犯罪处罚的情况以外，并且该罪行不包括第一百二十九条、第一百三十一条、第一百三十八条第二项和第三项以及第一百四十条中规定的任何情况，应处六十日以下罚金。

二、只有在得到受害方授权的情况下，行为人才能被起诉。

三、任何人的行为损害其配偶、注册伴侣、直系亲属、兄弟姐妹或与之同住的其他亲属的利益，除非权利受损害的人提出要求，否则不应受到处罚。[①]

第一百四十二条　抢劫

一、任何人对他人使用武力，或当场以生命或身体的危险相威胁（第八十

---

① 第一百四十一条第三款由列支敦士登法律公报2011年第379号修改。

九条)，将属于他人的可移动物品移走或强迫他人移动，意图通过侵吞该物品而不正当地为自己或第三方谋利，应处一年以上十年以下监禁。

二、任何人对价值较小的物品未使用实质性武力实施抢劫，如果该行为仅造成轻微的后果，并且该行为不构成加重抢劫(第一百四十三条)的，应处六个月以上五年以下监禁。

第一百四十三条[①]　加重的抢劫

一、任何人作为犯罪集团的成员在其他成员的参与下(第十二条)实施抢劫，或使用武器实施抢劫的，应处一年以上十五年以下监禁。

二、行为人使用的武力对某人造成严重伤害的(第八十四条第一款)，应处五年以上十五年以下监禁。然而，如果行为人使用武力导致人身伤害并造成严重且持久后果(第八十五条第一款)，则应处十年以上二十年以下监禁，但如果使用武力造成他人死亡，则应处十年以上二十年以下监禁或终身监禁。

第一百四十四条　敲诈勒索

一、任何人以武力或危险性威胁来胁迫他人采取作为、默许或不作为，给该他人或第三人的财产造成损害的，如果其意图通过受胁迫者的行为不正当地使自己或第三方获利，应处六个月以上五年以下监禁。

二、使用武力或威胁作为达到预期目的的手段不违背公共道德的，该行为不违法。

第一百四十五条　加重的敲诈勒索

一、任何人实施敲诈勒索，具有以下情形的，应处一年以上十年以下监禁：

(一)通过死亡威胁，严重致残或明显毁容，绑架，纵火，核能、电离辐射或爆炸物造成的危害，或生计或社会地位的破坏；或者

(二)通过这些手段，在很长一段时间内使受胁迫的人或受到武力或危险威胁的他人处于痛苦状态。

二、实施敲诈勒索，具有以下情形的，也应受到同样的处罚：

(一)基于商业目的；或者

---

① 第一百四十三条由列支敦士登法律公报2019年第124号修改。

(二)在很长一段时间内针对同一个人。

三、行为导致被胁迫者或受到武力或危险威胁的他人自杀或企图自杀的，行为人也应受到同样的处罚。

第一百四十六条　欺诈

任何人在事实上欺骗他人，导致他人做出、默许或不做出某种行为，导致该他人或第三人的财产遭受损害，并且意图因受骗者的行为而不正当地使自己或第三方获利的，应处六个月以下监禁或三百六十日以下罚金。

第一百四十七条　严重欺诈

一、任何人以欺骗为目的进行下列任何一种欺诈行为的，应处三年以下监禁：

(一)使用伪造或篡改的文件，伪造、篡改或者移除的非现金支付手段，窥探到的非现金支付手段的数据，伪造或篡改的数据，其他此类证据，或者不当的测量装置；①

(二)已废止；②

(三)冒充官员。

一 a、任何人为了在体育运动中使用兴奋剂，在使用《反兴奋剂公约》附件(见列支敦士登法律公报2000年第111号)中规定的违禁物质或违禁方法时实施欺诈行为，造成轻微损害以上的，也应受到同样的处罚。③

二、任何欺诈行为造成的损失超过七千五百法郎的，也应受到同样的处罚。④

三、任何人的欺诈行为造成的损失超过三十万法郎的，应处一年以上十年以下监禁。⑤

---

① 第一百四十七条第一款第一项由列支敦士登法律公报2009年第228号修改。

② 第一百四十七条第一款第二项由列支敦士登法律公报2019年第124号废止。

③ 第一百四十七条第一 a 款由列支敦士登法律公报2019年第124号增加。

④ 第一百四十七条第二款由列支敦士登法律公报2019年第124号修改。

⑤ 第一百四十七条第三款由列支敦士登法律公报2019年第124号修改。

第一百四十八条[①]　商业欺诈

任何人基于商业目的进行欺诈的,应处三年以下监禁。但任何人基于商业目的实施第一百四十七条第一款至第二款定义的严重欺诈行为的,应处六个月以上五年以下监禁。

第一百四十八 a 条　数据处理的欺诈性滥用[②]

一、任何人为了不正当地为自己或第三方谋利,通过设计程序、输入、更改、删除或隐藏数据,影响自动数据处理的结果,从而给他人的财产造成损害的,或者以其他方式干预处理程序的流程的,应处六个月以下监禁或三百六十日以下罚金。[③]

二、任何人基于商业目的实施该行为或通过该行为造成的损失超过七千五百法郎的,应处三年以下监禁。任何人通过该行为造成的损失超过三十万法郎的,应处一年以上十年以下监禁。[④]

第一百四十九条　秘密获得服务

一、任何人在未支付固定的有价值对价的情况下,通过欺骗事实,从公共交通服务设施秘密获取交通工具,或进入演出、展览、其他活动或设施,如果该对价的价值很小,则应处六十日以下罚金。

二、任何人为自己或他人获得机器服务(此类服务不代表某种商品)而未支付有价值对价的,应处六个月以下监禁或三百六十日以下罚金。任何人未经授权人同意,为自己或第三方获得数据处理系统的服务而未支付足够的有价值对价的,也应受到同样的处罚。

三、在第二款所述的情况下,对价的价值很小的,对行为人应处三百六十日以下罚金。

四、只有在得到受害方授权的情况下,才能起诉行为人。

---

① 第一百四十八条由列支敦士登法律公报 2019 年第 124 号修改。

② 第一百四十八 a 条的标题由列支敦士登法律公报 2009 年第 228 号修改。

③ 第一百四十八 a 条第一款由列支敦士登法律公报 2009 年第 228 号修改。

④ 第一百四十八 a 条第二款由列支敦士登法律公报 2019 年第 124 号修改。

第一百五十条　出于必要的欺诈

一、除非第一百四十七条和第一百四十八条中规定的情况适用，否则任何人在必要情况下实施欺诈，仅造成轻微损害的，应处六十日以下罚金。

二、只有在受害方授权的情况下，才能起诉行为人。

三、任何人如果做出损害其配偶、注册伴侣、直系亲属、兄弟姐妹，或与之同住的其他亲属的行为，不应受到处罚，除非权利受到损害的人提出要求。[①]

第一百五十一条　保险欺诈

一、任何人为了使自己或他人获得保险利益，实施下列行为的，除非根据第一百四十六条、第一百四十七条和第一百四十八条的规定应受到处罚，否则该行为应处六个月以下监禁或三百六十日以下罚金：

（一）销毁、损坏或藏匿任何已投了销毁、损坏、损失或盗窃保险的物品；或者

（二）对自己或他人的身体或健康造成伤害，或允许他人造成此类伤害。

二、如果任何人在得到保险赔偿之前，以及在任何当局（第三款）得知该人的罪责之前，自愿停止对欺诈计划的任何进一步追求，则不得根据第一款对其进行处罚。

三、第二款中所指的当局应包括以这种身份拥有刑事起诉权的任何当局，还应包括具有刑事起诉权的公共安全部门。

第一百五十二条　损害信用

一、任何人对事实作出虚假陈述，从而损害或危害他人的信用、收入或职业发展的，应处六个月以下监禁或三百六十日以下罚金。[②]

二、只有在受害方提出要求时，才能起诉行为人。

第一百五十三条[③]　刑事背信

一、任何人故意滥用其授权，处置属于他人的资产或约束该他人，从而对该

---

① 第一百五十条第三款由列支敦士登法律公报 2011 年第 379 号修改。

② 第一百五十二条第一款由列支敦士登法律公报 2019 年第 124 号修改。

③ 第一百五十三条由列支敦士登法律公报 2019 年第 124 号修改。

他人的资产造成损害的，应处六个月以下监禁或三百六十日以下罚金。

二、如果一个人在没有任何理由的情况下违反了保护受益所有人资产的规则，则属于滥用其授权。

三、任何人通过该行为造成的损失超过七千五百法郎的，应处三年以下监禁。任何人通过该行为造成的损失超过三十万法郎的，应处一年以上十年以下监禁。

第一百五十三 a 条[①]　滥用援助

一、任何人滥用向其提供的援助，用于其获得援助的目的以外的其他目的的，应处六个月以下监禁或三百六十日以下罚金。

二、根据第一款的规定，任何人作为获得援助的法人或无法人资格的公司的高管（第七十四条第三款）而实施该行为，或者未经获得援助的人的同意但作为其高管（第七十四条第二款）而实施该行为的，也应受到同样的处罚。[②]

三、任何人实施数额超过七千五百法郎的行为的，应处二年以下监禁。[③]

四、任何人实施数额超过三十万法郎的行为的，应处六个月以上五年以下监禁。[④]

五、援助是指从公共预算（包括欧洲共同体的总预算和由欧洲共同体或其代表管理的预算）中为实现公共利益而提供的财政资助，而无须为此支付充足的金钱对价。具有社会福利性质的财政资助应予以豁免。

第一百五十四条　高利贷

一、任何人利用他人的困境、轻率、缺乏经验或缺乏判断力，为自己或第三方获得金钱利益的承诺或同意，以换取满足财务需求的履行，特别是为了发放或获得贷款，或为了推迟金钱索要请求或获得延期，这种金钱利益明显与其自身履行的价值不成比例的，应处三年以下监禁。

二、任何人以高利贷的方式实现向其提出的索赔的，也应受到同样的处罚。

---

① 第一百五十三 a 条由列支敦士登法律公报 2007 年第 186 号增加。

② 第一百五十三 a 条第二款由列支敦士登法律公报 2016 年第 161 号修改。

③ 第一百五十三 a 条第三款由列支敦士登法律公报 2019 年第 124 号修改。

④ 第一百五十三 a 条第四款由列支敦士登法律公报 2019 年第 124 号修改。

三、任何人基于商业目的发放高利贷的，应处六个月以上五年以下的监禁。

四、已废止。[①]

第一百五十五条　牟取暴利

一、除第一百五十四条规定的情况外，任何人基于商业目的利用他人的困境、轻率、缺乏经验或缺乏判断力，为自己或第三方获得金钱利益的承诺或同意，以换取商品或其他方式的履行，而这种金钱利益与自己履行的价值明显不成比例的，应处三年以下监禁。但如果其通过该行为严重损害到众多人利益的，应处六个月以上五年以下监禁。

二、任何人以牟取暴利的方式并基于商业目的实现向其提出的索赔的，也应受到同样的处罚。

三、已废止。[②]

第一百五十六条　欺诈债权人[③]

一、任何人隐瞒、藏匿、出售或损坏其资产的一部分，声称存在或承认不存在的责任，或以其他方式实际或假装减少其资产，从而阻碍或减少其债权人或至少其中一人的债权清偿的，应处六个月以上五年以下监禁。

二、任何人因该行为造成的损失超过三十万法郎的，应处一年以上十年以下监禁。[④]

第一百五十七条　对第三方债权人的损害

任何人未经债务人同意，隐瞒、藏匿、出售或损坏债务人资产的一部分，或对债务人资产主张不存在的权利，从而阻碍或减少债权人或至少其中一人的债权清偿的，也应受到同样的处罚。

第一百五十八条　偏袒某一债权人

任何人在进入破产程序后，偏袒某一债权人，从而对其他债权人或至少其中一个债权人处于不利地位的，应处二年以下监禁。

---

① 第一百五十四条第四款由列支敦士登法律公报 2019 年第 124 号废止。

② 第一百五十五条第三款由列支敦士登法律公报 2019 年第 124 号废止。

③ 第一百五十六条的标题由列支敦士登法律公报 2020 年第 390 号修改。

④ 第一百五十六条第二款由列支敦士登法律公报 2019 年第 124 号修改。

第一百五十九条[①]　严重疏忽妨害债权人利益

一、任何人严重疏忽（第六条第三款）而通过采用欺诈性破产做法（第五款）导致其自身破产的，应处一年以下监禁或七百二十日以下罚金。[②]

二、任何人在知悉或疏忽不知其自身破产的情况下，严重疏忽（第六条第三款）而通过采用第五款中的欺诈性破产做法，阻碍或减少至少一名债权人的债权清偿的，也应受到同样的处罚。[③]

三、任何人因严重疏忽（第六条第三款）而采用欺诈性破产做法（第五款）损害自己的经济状况，以至于若非一个或多个没有义务提供直接或间接补贴的地方当局提供了此类补贴或已促使他人提供津贴或采取类似措施，行为人本已破产的，行为人应受到同样的处罚。[④]

四、任何人具有以下行为的，应处二年以下监禁：

（一）在第一款所述情况下，为满足其债权人或至少一位债权人的要求，造成超过一百二十万法郎的赤字；

（二）在第二款所述情况下，为满足其债权人或至少一名债权人的要求，造成超过一百二十万法郎的额外赤字；或者

（三）通过根据第一款或第二款可处罚的任何行为，对很多人的生计造成损害，或在第三款所述情况下，会对很多人的生计造成损害。

五、采用欺诈性破产做法是指一个人违反了正确经营业务的原则，实施下列行为：

（一）毁坏、损坏、使其失去效用、挥霍或放弃其资产的重要组成部分；

（二）在不属于其正常商业活动的异常大胆的商业交易上，或在赌博或投注上花费过多的金钱；

（三）以明显与其财务状况或经济能力相矛盾的方式进行支出；

（四）未保存其业务活动的商业账户或记录，或保存这些账户或记录的方

---

① 第一百五十九条由列支敦士登法律公报2007年第46号修改。

② 第一百五十九条第一款由列支敦士登法律公报2019年第124号修改。

③ 第一百五十九条第二款由列支敦士登法律公报2019年第124号修改。

④ 第一百五十九条第三款由列支敦士登法律公报2019年第124号修改。

式使真实、公允地了解资产、负债、财务状况和损益的最新概况变得更加困难，或如果该人员未采取其他有用和必要的控制措施，使其能够获得此类概况；或者

（五）未按要求编制年度账目，或其编制方式或编制时间延迟，使真实公允地反映资产、负债、财务状况和损益的最新概况变得更加困难。

第一百六十条　破产程序中的非法活动①

一、任何人具有以下行为的，应处一年以下监禁或七百二十日以下罚金：②

（一）在破产程序中提出一项无正当理由的主张或一项在程度或等级方面无正当理由的主张，以便在破产程序中获得任何其无权享有的影响；③

（二）作为债权人，在损害其他债权人利益的情况下，同意或接受为自己或第三方提供金钱利益的承诺，以换取以特定方式行使其投票权或不行使其投票权利，以及为此目的向债权人提供或允诺金钱利益的任何人；

（三）作为债权人，在损害其他债权人利益的情况下，同意或接受对自己或第三方的特别利益承诺，以换取在未经其他债权人同意的情况下同意破产程序中的和解协议，以及为此目的向债权人授予或承诺特别利益的任何人。④

二、破产程序中的任何管理人同意或接受对其本人或第三方不应有的金钱利益的许诺，损害债权人的利益的，也应受到同样的处罚。⑤

第一百六十一条⑥　关于高管责任的一般规定

一、任何人作为法人或无法人资格公司的高管（第七十四条第三款）实施了第一百五十六条、第一百五十八条、第一百五十九条和第一百六十二条规定的行为的，应根据上述法条予以与债务人同样的处罚；前述高管实施了第一百六十条规定的行为的，应根据第一百六十条予以与债权人同样的处罚。作为债

① 第一百六十条的标题由列支敦士登法律公报 2020 年第 390 号修改。

② 第一百六十条第一款的引导句由列支敦士登法律公报 2019 年第 124 号修改。

③ 第一百六十条第一款第一项由列支敦士登法律公报 2020 年第 390 号修改。

④ 第一百六十条第一款第三项由列支敦士登法律公报 2020 年第 390 号修改。

⑤ 第一百六十条第二款由列支敦士登法律公报 2020 年第 390 号修改。

⑥ 第一百六十一条由列支敦士登法律公报 2016 年第 161 号修改。

务人或债权人的高管,未经债务人或债权人的同意而实施行为的(第七十四条第三款),应根据上述规定给予同样的处罚。

二、任何人作为法人或无法人资格的公司的高管(第七十四条第三款)实施了第一百六十条第二款规定的任何行为,且该公司已被授予其中规定的任务的,则该人也应根据第一百六十条第二款受到处罚。

第一百六十二条[①]　**阻碍执行**

一、债务人隐瞒、藏匿、出售或损坏其资产的一部分,声称存在或承认不存在的责任,或以其他方式实际或假装减少其资产,因而在强制执行或在待决强制执行程序中阻碍或减少债权人的债权清偿的,应处六个月以下监禁或三百六十日以下罚金。

二、任何人因该行为造成的损失超过七千五百法郎的,应处三年以下监禁。[②]

第一百六十三条　为他人的利益而阻碍执行

任何人未经债务人同意,隐瞒、藏匿、出售或损坏债务人资产的一部分,或对债务人资产主张不存在的权利,从而在强制执行或待决强制执行程序中阻碍或减少债权人的债权清偿的,也应受到同样的处罚。

第一百六十四条[③]　**处理赃物**

一、在行为人对他人的资产实施应受处罚的行为后,任何人帮助该行为人隐瞒或变卖其通过该行为获得的物品的,应处六个月以下监禁或三百六十日以下罚金。

二、任何人购买或以其他方式占有此类物品或为第三方获取该物品的,也应受到同样的处罚。

三、任何人处理价值超过七千五百法郎的被盗物品的,应处二年以下监禁。[④]

---

① 第一百六十二条由列支敦士登法律公报 2013 年第 73 号修改。

② 第一百六十二条第二款由列支敦士登法律公报 2019 年第 124 号修改。

③ 第一百六十四条由列支敦士登法律公报 1996 年第 64 号修改。

④ 第一百六十四条第三款由列支敦士登法律公报 2019 年第 124 号修改。

四、任何人处理价值超过三十万法郎的赃物或以商业目的处理赃物的，应处六个月以上五年以下监禁。如果获得该物品的犯罪行为因商业佣金目的以外的任何原因应处五年或五年以上的监禁，并且如果赃物处理人明知导致这种处罚的情况，则赃物处理人应受到同样的处罚。①

五、任何人因经济困难、处事轻率或满足渴望而对低价值物品实施第一款或第二款所述的行为，应处一个月以下监禁或六十日以下罚金，除非上游犯罪是第一百二十九条规定的入室或使用武器盗窃，第一百三十一条规定的使用武力的盗窃、第一百三十八条第二项规定的加重侵犯他人狩猎权或捕鱼权、第一百四十二条规定的抢劫、第一百四十三条规定的加重抢劫、第一百四十四条规定的敲诈勒索或第一百四十五条规定的加重敲诈勒索。②

六、任何人实施第五款规定的行为，只有在因上游犯罪而受害的人的授权下，才能被起诉。③

七、任何人实施第五款规定的行为，如果上游犯罪损害了其配偶、注册伴侣、直系亲属、兄弟姐妹或其他亲属的利益，则不应受到处罚，前提是该人与该亲属同在一个家庭中生活。④

第一百六十五条⑤　洗钱

一、任何人隐瞒源自应判处一年以上刑罚的行为或本法第二百二十三条、第二百二十九条、第二百八十九条、第二百九十三条或第二百九十五条、《外国人法》第八十三条至第八十五条、《税法》第一百四十条或《增值税法》第八十八条或第八十九条所规定的轻罪的资产部分，或者隐瞒其来源，特别是通过在法律交易中提供有关该资产来源、所有权或其他有关权利、处置权、资产转让或资产所在地的虚假信息的，应处三年以下监禁。⑥

---

① 第一百六十四条第四款由列支敦士登法律公报 2019 年第 124 号修改。

② 第一百六十四条第五款由列支敦士登法律公报 2019 年第 124 号增加。

③ 第一百六十四条第六款由列支敦士登法律公报 2019 年第 124 号增加。

④ 第一百六十四条第七款由列支敦士登法律公报 2019 年第 124 号增加。

⑤ 第一百六十五条由列支敦士登法律公报 2019 年第 122 号修改。

⑥ 第一百六十五条第一款由列支敦士登法律公报 2020 年第 157 号修改。

二、任何人挪用或保管源自应判处一年以上刑罚的行为或本法第二百二十三条、第二百二十九条、第二百八十九条、第二百九十三条或第二百九十五条、《外国人法》第八十三条至第八十五条或《增值税法》第八十八条或第八十九条所规定的轻罪的资产部分，或者任何人故意挪用或保管源自《税法》第一百四十条规定的轻罪的资产部分，无论只是为了保管这些资产部分、对其进行投资或管理，或将这些资产转换、变现或转让给第三方，均应处二年以下监禁。[①]

三、任何人代表犯罪组织或恐怖集团或者为此类组织的利益，挪用或保管犯罪组织（第二百七十八a条）或恐怖集团（第二百七十八b条）的资产部分，无论其目的仅仅是妥善保管这些资产部分、对其进行投资或管理，或将其转换、变现，或将此类资产转让给第三方，应处三年以下监禁。

四、任何人实施价值超过七万五千法郎的行为，或者作为为持续洗钱而形成的犯罪集团的成员的，应处一年以上十年以下监禁。

五、下列情况下的资产部分应被视为源自犯罪：

（一）犯罪行为人已通过犯罪行为获得资产部分，或因实施犯罪行为而收到该资产部分，或最初获得或收到的资产的价值体现在该资产中；或者

（二）通过实施《税法》第一百四十条或《增值税法》第八十八条或第八十九条规定的轻罪，该资产部分得以保留。

第一百六十五a条[②]　主动悔罪

一、任何人在当局（第一百五十一条第三款）得知其罪行之前，自愿向当局报告信息，从而使涉及洗钱的重要资产能够扣押，或能够以任何其他方式扣押的，该人不得因洗钱而受到处罚。

二、在没有行为人参与的情况下扣押了涉及洗钱的重要资产，如果行为人在不知情的情况下自愿和认真地为实现扣押而努力，则其不应受到处罚。

第一百六十六条　家庭范围内的犯罪

一、任何人对财产、数据造成损害，干扰计算机系统的运行，实施盗窃（第

---

① 第一百六十五条第二款由列支敦士登法律公报2020年第157号修改。

② 第一百六十五a条由列支敦士登法律公报1996年第64号增加。

一百二十九条第五项、第一百三十一条规定的情形除外)，实施能源盗窃、侵占、挪用、永久剥夺属于他人的物品、侵犯他人的狩猎权和捕鱼权(第一百三十八条第二项和第三项以及第一百四十条规定的情况除外)，实施欺诈、数据处理的欺诈性滥用、刑事背信，处理第一百六十四条第一款至第四款规定的被盗物品，伪造非现金支付手段，接受、转移或拥有伪造或篡改的非现金支付手段，预备伪造非现金支付手段，移除非现金支付手段，接受、转移或拥有被移除的非现金支付手段，或者窥探非现金支付手段的数据，从而损害该人的配偶、注册伴侣、直系亲属、兄弟姐妹或其他亲属的利益(前提是该人与该亲属同在一个家庭中生活)的，应处三个月以下监禁或一百八十日以下罚金。但如果该罪行在其他情况下应处三年或三年以上监禁，则该行为人应被处六个月以下监禁或三百六十日以下罚金。此外，任何监护人、场馆负责人或守卫人损害其被监护人或被守卫人的利益的，不适用本条规定。①

二、任何人仅仅为了他人的利益而参与(第十二条)行为的，如果该他人与受害方有上述任何一种关系，则行为人应受到同样的处罚。

三、只有在受害方提出要求时，才能起诉行为人。

第一百六十七条　主动悔罪

一、行为人实施损害财产、损害数据、干扰计算机系统运行、盗窃、数据盗窃、能源盗窃、侵占、挪用、永久剥夺属于他人的物品、侵犯他人的狩猎权和捕鱼权、剥夺、欺诈、数据处理的欺诈性滥用、秘密获得服务、出于必要的欺诈、刑事背信、滥用援助、高利贷、损害第三方债权人、偏袒某一债权人、严重疏忽干涉债权人利益、阻碍执行和处理赃物等行为，主动悔罪的，不负刑事责任。②

二、如果行为人在当局(第一百五十一条第三款)知道其罪行之前主动悔罪，即使在受害方的敦促下，但并非被迫做出下列行为的，则行为人也应从主动悔罪中受益：

(一)为其行为造成的全部损害提供赔偿。或者

---

① 第一百六十六条第一款由列支敦士登法律公报 2019 年第 124 号修改。

② 第一百六十七条第一款由列支敦士登法律公报 2009 年第 228 号修改。

（二）订立合同义务，在规定期限内向受害方提供此类补偿。在后一种情况下，如果行为人未能履行其义务，则应恢复追究行为人的刑事责任。

三、行为人在向当局（第一百五十一条第三款）报告其行为后，对其行为造成的全部损害提供赔偿，则该行为人也不应受到处罚。该报告披露了其罪责，并将赔偿金存入上述机构。

四、如果以行为人名义的第三方或参与犯罪的他人根据第二款规定的要求对行为造成的全部损害提供赔偿，则任何认真努力为造成的损害提供赔偿的行为人都不应受到处罚。

第一百六十八条①　已废止

第一百六十八a条②　连锁或金字塔计划

一、任何人，实施下列行为的，应处六个月以下监禁或三百六十日以下罚金，除非该系统仅为共同利益目的而运行或者只需要支付小额款项：

（一）启动或运作；或者

（二）通过集会、宣传册或任何其他能够招募大量参与者的方式宣传；或者

（三）基于商业目的促进传播一种有关利润预期的系统，在该系统中，参与者被承诺为其支付金钱利益，条件是其他参与者在相同条件下被招募到该系统或相关系统中，并且在该系统中参与者获得金钱利益完全或部分地取决于任何其他参与者的行为符合条件（连锁或金字塔计划）。

二、任何人因该行为对众多人造成严重损害的，应处三年以下监禁。

---

① 第一百六十八条由列支敦士登法律公报2010年第238号废止。

② 第一百六十八a条由列支敦士登法律公报2007年第46号增加。

第七章　危害公共安全的犯罪

第一百六十九条　纵火

一、任何人未经所有者同意,导致属于他人的物品着火的,应处一年以上十年以下监禁。

二、任何人在征得他人同意的情况下,导致属于自己或他人的物品发生火灾,从而对他人或第三方的生命或身体(第八十九条)造成危险,或者对大量第三方财产造成危险的,也应受到同样的处罚。

三、该行为导致一人死亡或大量人员严重身体伤害(第八十四条第一款),或者该行为给许多人造成痛苦的,对行为人应处五年以上十五年以下监禁。但如果该行为造成大量人员死亡,则应处十年以上二十年以下监禁。①

第一百七十条　疏忽引起火灾

一、任何人因疏忽而实施第一百六十九条规定的行为的,应处一年以下监禁或七百二十日以下罚金。②

二、该行为导致一人死亡或大量人员严重身体伤害(第八十四条第一款),或者该行为给许多人造成痛苦的,则对行为人应处三年以下监禁,但如果该行为造成大量人员死亡,则应处六个月以上五年以下监禁。

第一百七十一条　故意通过核能或电离辐射造成危害

一、任何人通过释放核能或电离辐射而导致他人的生命或身体(第八十九条)或大量他人财产受到危害的,应处一年以上十年以下监禁。

---

① 第一百六十九条第三款由列支敦士登法律公报 2019 年第 124 号修改。

② 第一百七十条第一款由列支敦士登法律公报 2019 年第 124 号修改。

二、该行为造成第一百六十九条第三款所述的任何后果的，则应处该款规定的刑罚。

第一百七十二条　疏忽造成核能或电离辐射危害

一、任何人因疏忽实施了第一百七十一条规定的行为的，应处一年以下监禁或七百二十日以下罚金。①

二、如果该行为造成第一百七十条第二款所述的任何后果的，则应处该款规定的刑罚。

第一百七十三条　故意使用爆炸物造成危害

一、任何人引爆爆炸物制造爆炸，从而危害他人的生命或身体（第八十九条）或大量他人财产的，应处一年以上十年以下监禁。

二、该行为造成第一百六十九条第三款所述的任何后果的，则应处该款规定的刑罚。

第一百七十四条　疏忽造成爆炸危害

一、任何人因疏忽而实施第一百七十三条规定的行为的，应处一年以下监禁或七百二十日以下罚金。②

二、该行为造成第一百七十条第二款所述的任何后果的，则应处该款规定的刑罚。

第一百七十五条　为利用核能、电离辐射或爆炸物实施犯罪做准备

一、任何人为了使自己或其他人能够实施第一百七十一条或第一百七十三条规定的犯罪行为（即使该行为尚未确定），制造、购买或拥有核燃料、放射性物质、爆炸物、爆炸物成分或生产或使用任何此类物质所需的装置，或者明知（第五条第三款）他人获取此类物质是为了准备任何上述犯罪行为而让该他人获得此类物质的，应处六个月以上五年以下监禁。

二、如果行为人在当局（第一百五十一条第三款）知道其罪行之前自愿将上述物品交给当局，使当局能够掌握该物品，或者以其他方式消除该物品可能

① 第一百七十二条第一款由列支敦士登法律公报 2019 年第 124 号修改。

② 第一百七十四条第一款由列支敦士登法律公报 2019 年第 124 号修改。

被用于实施第一百七十一条或第一百七十三条规定的犯罪行为的风险的,则不应处罚行为人。

第一百七十六条 故意危害公共安全

一、除通过第一百六十九条、第一百七十一条和第一百七十三条规定的行为以外,任何人危及大量人员的生命或身体(第八十九条)或大量他人财产的,应处一年以上十年以下监禁。

二、该行为造成第一百六十九条第三款所述的任何后果的,则应处该款规定的刑罚。

第一百七十七条 疏忽危害公共安全

一、除通过第一百七十条、第一百七十二条和第一百七十四条规定的行为以外,任何人因疏忽而危及大量人员的生命或身体(第八十九条)或大量他人财产的,应处一年以下监禁。

二、该行为造成第一百七十条第二款所述的任何后果的,则应处该款规定的刑罚。

第一百七十七a条[①] 生产和传播大规模杀伤性武器

一、任何人实施下列行为的,应处一年以上十年以下监禁:

(一)为生产目的而生产、制造或开发任何设计用于并能够造成大规模杀伤的核武器、放射性武器、生物武器或化学武器;

(二)向本国进口、从本国出口或从本国领土过境任何设计用于并能够造成大规模杀伤的核武器、放射性武器、生物武器或化学武器;或者

(三)取得、拥有或转让或为他人取得任何设计用于并能够造成大规模杀伤的核武器、放射性武器、生物武器或化学武器。

二、如果行为人知道该武器将运往已爆发战争或武装冲突的地区,或有即将爆发战争或冲突风险的地区,则对行为人应处五年以上十五年以下监禁。但行为人知道该武器是用来使用的,对行为人应处十年以上二十年以下监禁或终身监禁。

---

① 第一百七十七a条由列支敦士登法律公报2019年第124号增加。

第一百七十七 b 条[①]　未经授权处理核材料、放射性物质或辐射设备

一、任何人违反法律规定或官方授权，生产、处理、加工、使用、拥有、处置、运输、向本国进口、从本国出口或从本国领土过境任何核材料的，应处三年以下监禁。

二、任何人违反法律规定或官方授权，生产、处理、加工、使用、拥有、移除、运输、向本国进口、从本国出口或从本国领土过境任何放射性物质或辐射设备，从而导致下列后果的，也应受到同样的处罚：

（一）对他人的生命或严重身体伤害（第八十四条第一款）的危险，或对大量人员的健康或人身安全的其他危险；

（二）对动物或植物种群的严重危害；

（三）水、地面或空气质量长期恶化；或者

（四）清除费用超过七万五千法郎。

三、任何人违反法律规定或官方授权，生产、处理、加工、使用、拥有、移除、运输、向本国进口、从本国出口或从本国领土过境任何核材料或放射性物质，从而造成核材料或放射性物质可用于制造或加工具有大规模杀伤性的核武器或放射性武器的风险的，应处六个月以上五年以下监禁。任何人基于商业目的实施第一款或第二款所述的任何行为的，也应受到同样的处罚。

四、第一款或第二款所述的任何行为造成第一百七十一条第一款所述的风险，对动物或植物种群造成重大损害，导致水质、地面或空气质量长期恶化的，则对行为人应处一年以上十年以下监禁。如果该行为造成第一百六十九条第三款所述的任何后果，则应处该款所规定的处罚。

五、“核材料”一词应指源材料和特殊裂变材料以及可用于通过核裂变过程获得能量的任何设备、技术和物质。“放射性物质”一词应指含有一种或多种放射性核素的任何物质，前提是根据辐射防护方面的最新技术，不能忽略其活性或浓度；任何含有放射性物质的物体或在其表面可发现任何此类物质的物体，均应以与放射性物质相同的方式处理。“辐射设备”是指在不含任何放射

---

① 第一百七十七 b 条由列支敦士登法律公报 2019 年第 124 号增加。

性物质的情况下,能够发出电离辐射且操作需要获得许可证的任何设备或设施。

第一百七十七 c 条[①] 因疏忽未经授权处理核材料、放射性物质或辐射设备

一、任何人违反法律规定或官方授权,因疏忽而实施第一百七十七 b 条第一款、第二款或第三款规定的行为的,应处一年以下监禁或七百二十日以下罚金。

二、该行为造成第一百七十一条第一款所述的风险,对动物或植物种群造成重大损害,导致水质、地面或空气质量长期恶化的,对行为人应处二年以下监禁。如果该行为导致第一百七十条第二款所述的任何后果,则应处该款规定的刑罚。

第一百七十七 d 条[②] 故意未经授权处理导致臭氧层损耗的物质

任何人违反法律规定或官方授权,生产、进口、出口、流通或使用任何促使消耗臭氧层的物质的,应处一年以下监禁或七百二十日以下罚金。

第一百七十七 e 条[③] 因严重疏忽未经授权处理导致臭氧层损耗的物质

任何人违反法律规定或官方授权,因严重疏忽(第六条第三款)而实施第一百七十七 d 条规定的行为的,应处六个月以下监禁或三百六十日以下罚金。

第一百七十八条[④] 故意通过传染性疾病危及他人

任何人的行为能够造成传染性疾病在人类之间传播的风险的,如果该疾病的性质要求强制性通知或报告(即使只是在有限的范围内),对行为人应处三年以下监禁。

第一百七十九条[⑤] 因疏忽导致传染病危及他人

任何人因疏忽实施第一百七十八条规定的行为的,应处一年以下监禁或七百二十日以下罚金。

---

① 第一百七十七 c 条由列支敦士登法律公报 2019 年第 124 号增加。

② 第一百七十七 d 条由列支敦士登法律公报 2019 年第 124 号增加。

③ 第一百七十七 e 条由列支敦士登法律公报 2019 年第 124 号增加。

④ 第一百七十八条由列支敦士登法律公报 2019 年第 124 号修改。

⑤ 第一百七十九条由列支敦士登法律公报 2019 年第 124 号修改。

第一百八十条[①]　故意干扰环境

一、任何人违反法律规定或官方授权，污染或以其他方式干扰水体、土壤或空气，从而导致下列后果的，应处三年以下监禁：

（一）他人有生命危险或有严重人身伤害的危险（第八十四条第一款），或对很多人的健康或人身安全产生危险；

（二）对动物或植物种群造成严重威胁；

（三）水、土壤或空气条件长期恶化；或者

（四）属于他人的物品或《文化财产法》规定的受保护的文化财产或自然遗迹产生超过七万五千法郎的清污费用或其他损害。[②]

二、如果该行为对动物或植物种群造成重大损害，导致水、土壤或空气条件长期恶化，或导致属于他人的物品或《文化财产法》规定的受保护的文化财产或自然遗迹产生超过七万五千法郎的清污费用或其他损害，对行为人应处六个月以上五年以下监禁。如果该行为导致第一百六十九条第三款所述的任何后果，则应处该款规定的刑罚。[③]

第一百八十一条[④]　因疏忽干扰环境

一、任何人因疏忽而违反法律规定或官方授权，实施第一百八十条规定的行为的，应处一年以下监禁或七百二十日以下罚金。[⑤]

二、如果该行为对动物或植物种群造成重大损害，导致水、土壤或空气条件长期恶化，或导致属于他人的物品或《文化财产法》规定的受保护的文化财产或自然遗迹产生超过七万五千法郎的清污费用或其他损害，对行为人应处二年以下监禁。如果该行为导致第一百七十条第二款所述的任何后果，则应处该款规定的刑罚。[⑥]

---

① 第一百八十条由列支敦士登法律公报 2013 年第 73 号修改。

② 第一百八十条第一款第四项由列支敦士登法律公报 2016 年第 274 号修改。

③ 第一百八十条第二款由列支敦士登法律公报 2016 年第 274 号修改。

④ 第一百八十一条由列支敦士登法律公报 2013 年第 73 号修改。

⑤ 第一百八十一条第一款由列支敦士登法律公报 2019 年第 124 号修改。

⑥ 第一百八十一条第二款由列支敦士登法律公报 2019 年第 124 号修改。

第一百八十一 a 条[①] 故意以对环境构成危害的方式处理和运输废物

一、任何人违反法律规定或官方授权，收集、运输、回收或清除废物，或在企业内监督或控制此类活动，从而导致下列后果的，应处二年以下监禁：[②]

（一）他人有生命危险或有严重人身伤害的危险（第八十四条第一款），或对很多人的健康或人身安全的危险；

（二）对动物或植物种群造成重大威胁；

（三）水、土壤或空气条件长期恶化；或者

（四）清污费用超过七万五千法郎。

二、如果该行为对动物或植物种群造成重大损害，导致水、土壤或空气条件长期恶化，或导致清污费用超过七万五千法郎，应处三年以下监禁。如果该行为导致第一百六十九条第三款所述的任何后果，则应处该款规定的刑罚。

三、除第二款所述情况外，任何人违反《关于废物运输的第 1013/2006 号条例（EC）》（以下简称《第 1013/2006 号条例（EC）》）第二条第三十五款的规定，运输大量废物的，应处一年以下监禁或七百二十日以下罚金。[③]

第一百八十一 b 条[④] 因疏忽以对环境造成危害的方式处理和运输废物

一、任何人因疏忽而违反法律规定或官方授权，实施第一百八十一 a 条规定的任何行为的，应处六个月以下监禁或三百六十日以下罚金。

二、如果该行为对动物或植物种群造成重大损害，导致水、土壤或空气条件长期恶化，或者行为导致清污费用超过七万五千法郎，应处一年以下监禁或七百二十日以下罚金。如果行为造成第一百七十条第二款所述的后果，应处该款规定的刑罚。[⑤]

三、除第一款和第二款所列情形外，任何人严重疏忽（第六条第三款）运输大量废物，违反《第 1013/2006 号条例（EC）》第二条第三十五款关于废物运输

① 第一百八十一 a 条由列支敦士登法律公报 2013 年第 73 号增加。

② 第一百八十一 a 条第一款由列支敦士登法律公报 2019 年第 124 号修改。

③ 第一百八十一 a 条第三款由列支敦士登法律公报 2019 年第 124 号修改。

④ 第一百八十一 b 条由列支敦士登法律公报 2013 年第 73 号增加。

⑤ 第一百八十一 b 条第二款由列支敦士登法律公报 2019 年第 124 号修改。

的规定,应处六个月以下监禁或三百六十日以下罚金。[①]

第一百八十一 c 条[②]　故意以对环境造成危害的方式运行工厂

一、任何人违反法律规定或官方授权,在运行工厂中进行危险活动可能导致下列后果的,[③]应处二年以下监禁:

(一)他人有生命危险或有严重人身伤害的危险(第八十四条第一款),或对很多人的健康或人身安全的危险;

(二)对动物或植物种群造成重大威胁;

(三)水、土壤或空气条件长期恶化;或者

(四)清污费用超过七万五千法郎。

二、如果该行为对动物或植物种群造成重大损害,导致水、土壤或空气条件长期恶化,或导致清污费用超过七万五千法郎,应处三年以下监禁。如果该行为导致第一百六十九条第三款所述的任何后果,则应处该款规定的刑罚。[④]

第一百八十一 d 条[⑤]　因严重疏忽以对环境造成危害的方式运行工厂

一、任何人因严重疏忽(第六条第三款)违反法律规定或官方授权,实施第一百八十一 c 条第一款规定的任何行为的,应处六个月以下监禁或三百六十日以下罚金。[⑥]

二、如果该行为对动物或植物种群造成重大损害,导致水、土壤或空气条件长期恶化,或导致清污费用超过七万五千法郎,应处一年以下监禁或七百二十日以下罚金。如果该行为导致第一百七十条第二款所述的任何后果,则应处该款规定的刑罚。[⑦]

---

① 第一百八十一 b 条第三款由列支敦士登法律公报 2019 年第 124 号修改。

② 第一百八十一 c 条由列支敦士登法律公报 2013 年第 73 号增加。

③ 第一百八十一 c 条第一款由列支敦士登法律公报 2019 年第 124 号修改。

④ 第一百八十一 c 条第二款由列支敦士登法律公报 2019 年第 124 号修改。

⑤ 第一百八十一 d 条由列支敦士登法律公报 2013 年第 73 号增加。

⑥ 第一百八十一 d 条第一款由列支敦士登法律公报 2019 年第 124 号修改。

⑦ 第一百八十一 d 条第二款由列支敦士登法律公报 2019 年第 124 号修改。

第一百八十一 e 条[1] 故意损害动物或植物种群

一、任何人违反法律规定或官方授权，杀害、持有或毁坏受保护野生动物物种的发育形式或从自然中移除受保护野生动物物种，或者毁坏、持有或从自然中移除受保护野生植物物种的，应处二年以下监禁，除非该行为仅涉及此类物种微不足道的数量，并且对该物种的保护状态的影响微不足道。

二、受保护的野生动植物物种应为《欧洲野生动物和自然栖息地保护公约》附录一至附录三（见列支敦士登法律公报 1982 年第 42 号）规定的物种。

第一百八十一 f 条[2] 因严重疏忽损害动物或植物种群

任何人违反法律规定或官方授权，严重疏忽地（第六条第三款）实施第一百八十一 e 条规定的任何行为的，应处一年以下监禁或七百二十日以下罚金。

第一百八十一 g 条[3] 故意毁坏保护区的栖息地

一、任何人违反法律规定或官方授权，对保护区内的栖息地造成重大损害的，应处二年以下监禁。

二、保护区内的栖息地是指根据法律或法令将某一地区划分为特殊保护区的任何物种栖息地，或者根据法律或法规将某一地点指定为特殊保护区域的任何自然栖息地或物种栖息地。

第一百八十一 h 条[4] 因严重疏忽毁坏保护区栖息地

任何人违反法律规定或官方授权，严重疏忽地（第六条第三款）实施第一百八十一 g 条规定的行为的，应处一年以下监禁或七百二十日以下罚金。

第一百八十二条[5] 对动植物种群的其他危害

一、任何人的行为能够导致下列后果的，[6]应处二年以下监禁：

（一）疫情在动物之间传播的危险；或者

---

① 第一百八十一 e 条由列支敦士登法律公报 2019 年第 124 号增加。

② 第一百八十一 f 条由列支敦士登法律公报 2019 年第 124 号增加。

③ 第一百八十一 g 条由列支敦士登法律公报 2019 年第 124 号增加。

④ 第一百八十一 h 条由列支敦士登法律公报 2019 年第 124 号增加。

⑤ 第一百八十二条由列支敦士登法律公报 2013 年第 73 号修改。

⑥ 第一百八十二条第一款由列支敦士登法律公报 2019 年第 124 号修改。

（二）对动物或植物种群构成危险的病原体或寄生虫传播的危险。

二、违反法律规定或官方授权，以第一百八十条规定以外的方式对动物或植物种群造成重大危害的，也应受到同样的处罚。

第一百八十三条 因疏忽危害动植物种群

任何人因疏忽实施第一百八十二条规定的任何行为的，应处六个月以下监禁或三百六十日以下罚金。

第一百八十三 a 条[①] 关于法律规定和官方授权的认识错误

一、如果在第一百八十条、第一百八十一 a 条、第一百八十一 c 条、第一百八十一 e 条、第一百八十一 g 条和第一百八十二条所述的情况下，行为人不了解法律规定或官方授权，虽然其行业、职业或其他情况要求其应当了解，否则其会因为在法律规定或官方授权方面的认识错误而受到指责，那么，如果行为人仍故意而为，则应根据这些规定受到处罚。

二、第一款应比照适用于第一百八十一条、第一百八十一 b 条第一款和第二款以及第一百八十三条规定的情况，前提是行为人存在疏忽行为。第一款也应适用于第一百八十一 b 条第三款、第一百八十一 d 条、第一百八十一 f 条和第一百八十一 h 条规定的情况，前提是其行为存在严重疏忽（第六条第三款）。

第一百八十三 b 条[②] 主动悔罪

一、行为人实施了第一百八十条、第一百八十一条和第一百八十一 a 条至第一百八十三条规定的行为，但是在当局（第一百五十一条第三款）知道其罪行之前，自愿消除了由其所造成的任何危险、污染和其他干扰，只要尚未对任何人或动植物种群造成损害，不得根据上述规定对行为人予以处罚。

二、应比照适用第一百六十七条第四款。

第一百八十四条 江湖医术

任何人在未接受医学专业所需培训的情况下，基于商业目的开展法律规定由医师从事的活动，涉及人数较多的，应处三个月以下监禁或一百八十日以下

① 第一百八十三 a 条由列支敦士登法律公报 2019 年第 124 号修改。

② 第一百八十三 b 条由列支敦士登法律公报 2013 年第 73 号增加。

罚金。

第一百八十五条 劫持航空器

一、任何人利用航空的特殊情况，对航空器上的人或者对能够影响航空器航向或安全的人施加武力或危险威胁，将航空器置于其权力或控制之下或指挥此类航空器的，应处一年以上十年以下监禁。

二、该行为导致一人死亡或对众多人造成严重身体伤害（第八十四条第一款）的，对行为人应处五年以上十五年以下监禁。但如果该行为造成众多人死亡，则对行为人应处十年以上二十年以下监禁或终身监禁。

第一百八十六条 故意危害航空安全

一、任何人以可能危及飞行中航空器安全的方式，实施下列行为的，如果该行为未根据其他条款受到更严厉的处罚，则应处一年以上十年以下监禁：

（一）对航空器上的人员使用武力或威胁使用武力；

（二）损坏正在使用的航空器；或者

（三）毁坏、损坏或干扰航空设施的运行。

二、任何人具有下列行为的，也应受到同样的处罚：

（一）毁坏正在使用中的航空器或将其损坏到无法飞行的程度；或者

（二）通过故意错误的通信对飞行中的航空器安全造成危险。

三、该行为导致一人死亡或对众多人造成严重身体伤害（第八十四条第一款）的，对行为人应处五年以上十五年以下监禁。但如果该行为造成众多人死亡，则对行为人应处十年以上二十年以下监禁或终身监禁。

第一百八十七条 妨碍打击危害公共安全行为

任何人阻挠或阻碍采取任何必要措施以防止对众多人的生命或身体（第八十九条）或对大量他人财产造成威胁的，应处三年以下监禁。

第八章　侵犯宗教与死者安宁的犯罪

第一百八十八条　亵渎宗教教义

任何人公开丑化或嘲弄列支敦士登某一教会或宗教团体的礼拜对象、宗教教义或者法律允许的该教会或宗教群体的习俗或制度，并且其行为可能引起合理烦扰的，应处六个月以下监禁或三百六十日以下罚金。

第一百八十九条　干扰宗教活动

一、任何人以武力或武力威胁阻碍或者干扰法律允许的宗教仪式或在列支敦士登的教会或宗教团体的某一合法宗教活动的，应处二年以下监禁。

二、任何人实施扰乱秩序行为，可能引起合理烦扰，并具有下列情形的，应处六个月以下监禁或三百六十日以下罚金：

（一）在专用于列支敦士登的教会或宗教团体进行法律允许的宗教活动的场所实施；

（二）在列支敦士登的教会或宗教团体进行法律允许的公共宗教仪式或单个宗教仪式期间实施；或者

（三）针对直接专用于列支敦士登的教会或宗教团体进行法律允许的宗教仪式中的物品实施。

第一百九十条　扰乱死者安宁

一、任何人剥夺他人对尸体、尸体部分或死者骨灰的处置权，或将尸体、尸体的部分或死者骨灰从埋葬地或存放地移走，以及虐待尸体或亵渎尸体、死者骨灰或埋葬地、死者的存放地或纪念地的，应处六个月以下监禁或三百六十日以下罚金。

二、任何人从埋葬地、存放地或死者纪念地移除装饰品的，应处三个月以下监禁或一百八十日以下罚金。

第一百九十一条　扰乱葬礼

任何人故意以能够引起合理烦扰的噪声或任何此种类似行为扰乱葬礼的，应处三个月以下监禁或一百八十日以下罚金。

第九章　侵犯婚姻、家庭与注册伴侣关系的犯罪[①]

第一百九十二条[②]　多个婚姻或注册伴侣关系

已经结婚或有注册伴侣的人再次结婚或注册伴侣关系，或者任何人与已经结婚或有注册伴侣的他人结婚或注册伴侣关系的，应处三年以下监禁。

第一百九十三条[③]　欺骗性婚姻和欺骗性伴侣关系

一、任何人通过在事实上欺骗他人，使他人寻求解除婚姻或注册伴侣关系，从而该他人与其结婚或注册成为伴侣的，应处一年以下监禁或七百二十日以下罚金。[④]

二、只有在欺骗行为导致婚姻或注册伴侣关系无效的情况下，行为人才应受到处罚。只有在受害方提出要求时，行为人才能被起诉。

第一百九十三 a 条[⑤]　非法收养安置

一、任何人使有权给予同意的人同意他人收养未成年人，以换取该他人或第三方的利益的，应处二年以下监禁。

二、如果行为人的行为是为了给自己或第三方获得金钱利益，应处三年以下监禁。

---

① 第一百九十二条之前的标题由列支敦士登法律公报 2011 年第 379 号修改。

② 第一百九十二条由列支敦士登法律公报 2011 年第 379 号修改。

③ 第一百九十三条由列支敦士登法律公报 2011 年第 379 号修改。

④ 第一百九十三条第一款由列支敦士登法律公报 2019 年第 124 号修改。

⑤ 第一百九十三 a 条由列支敦士登法律公报 2009 年第 30 号增加。

三、养父母和被安排收养的被收养儿童不应作为参与者（第十二条）受到处罚。

第一百九十四条　使未成年人脱离父母或法定监护人的监护

一、任何人使未成年人脱离父母或者法定监护人的监护，或者向父母或者法定监护人隐藏未成年人的，或任何人导致或协助该未成年人脱离父母或法定监护人的监护或隐藏起来的，应处一年以下监禁或七百二十日以下罚金。[①]

二、任何人对未达法定年龄者实施该行为的，应处三年以下监禁。

三、任何人为了对未成年人进行性虐待或使未成年人参与性行为而实施该行为的，也应处三年以下监禁。[②]

四、只有在未成年人的父母或法定监护人提出申请后，行为人才能被起诉。[③]

五、任何未成年人致使他人将未成年人从其父母或法定监护人的监护下带走，或协助他人将其本人从监护下带走的，不受处罚。

第一百九十五条　阻碍当局规定的教育措施

一、任何人将未成年人从当局规定的教育措施中排除，或导致或协助该未成年人从该措施中排除的，应处六个月以下监禁或三百六十日以下罚金。

二、只有在必须决定是否继续采取教育措施的当局提出申请后，才能起诉行为人。

三、应比照适用第一百九十四条第五款。

第一百九十六条[④]　已废止

第一百九十七条　违反扶养义务

一、任何人严重违反家庭法规定的扶养义务，从而导致有权获得扶养费的人的扶养或教育受到损害，或者如果没有其他人的协助，扶养或教育会受到损害的，应处六个月以下监禁或三百六十日以下罚金。特别是，如果一个人没有

---

① 第一百九十四条第一款由列支敦士登法律公报 2019 年第 124 号修改。

② 第一百九十四条第三款由列支敦士登法律公报 2001 年第 16 号修改。

③ 第一百九十四条第四款由列支敦士登法律公报 2001 年第 16 号修改。

④ 第一百九十六条由列支敦士登法律公报 2015 年第 111 号废止。

从事能够使其履行该义务的工作，其也违反了提供扶养的义务。①

二、如果行为人是累犯（第三十九条），或者如果该行为导致有权获得扶养的人的健康或身心发展处于被忽视状态或受到相当大的损害，则对行为人应处二年以下监禁。但是，如果该行为导致有权获得扶养的人死亡，对行为人应处三年以下监禁。

三、在听证结束前，行为人全额支付起诉申请所包含的扶养费的，则不应根据第一款处罚行为人。②

第一百九十八条　忽视照顾、教育或监督

任何人在法律规定其有照顾、教育或监督责任的情况下，严重疏忽对未成年人的照顾、教育或监督，导致该未成年人处于被忽视状态的，即使只是出于疏忽，应处六个月以下监禁或三百六十日以下罚金。

第一百九十九条③　强迫接受孩子

任何人将孩子强加于他人的，*应处一年以下监禁或七百二十日以下罚金。

---

① 第一百九十七条第一款由列支敦士登法律公报2019年第124号修改。

② 第一百九十七条第三款由列支敦士登法律公报2019年第124号增加。

③ 第一百九十九条由列支敦士登法律公报2019年第124号修改。

* 本罪是一个比较老（有历史感）的罪名，例如，一位妇女假装怀孕而把别人的孩子强加给丈夫，即构成本罪。——译者注

第十章　侵犯性自决与其他性犯罪[①]

第二百条[②]　强奸

一、任何人以武力、剥夺人身自由或者威胁生命或身体健康（第八十九条）的方式胁迫他人进行或默许性交或等同于性交的性行为的，应处二年以上十年以下监禁。[③]

二、该行为导致被强奸者受到严重身体伤害（第八十四条第一款）或怀孕，或者由于该行为，被强奸者长期处于痛苦状态或者特别堕落的，对行为人应处五年以上十五年以下监禁。但如果该行为造成被强奸者死亡的，则对行为人应处十年以上二十年以下监禁或终身监禁。

第二百零一条[④]　性侵犯

一、除第二百条所列情况外，任何人以武力或危险威胁手段胁迫他人实施或默许性行为的，应处六个月以上五年以下监禁。

二、该行为导致被胁迫者受到严重身体伤害（第八十四条第一款）或怀孕，或者如果由于该行为，被胁迫者长期处于痛苦状态或者特别堕落的，对行为人应处五年以上十五年以下监禁。但如果该行为造成被胁迫者死亡，则对行为人应处十年以上二十年以下监禁或终身监禁。

---

① 第二百条之前的标题由列支敦士登法律公报 2001 年第 16 号修改。

② 第二百条由列支敦士登法律公报 2011 年第 184 号修改。

③ 第二百条第一款由列支敦士登法律公报 2023 年第 48 号修改。

④ 第二百零一条由列支敦士登法律公报 2019 年第 124 号修改。

第二百零二条[①]　已废止

第二百零三条[②]　性骚扰

一、任何人直接或间接地通过信息或通信技术在他人面前进行性行为，而该他人并不期望如此，从而造成法律规定的滋扰，或者任何人通过信息或通信技术直接或间接以身体或语言粗暴地对他人进行性骚扰，经申请被起诉的，对行为人应处六个月以下监禁或三百六十日以下罚金。

二、任何人在第二百一十二条第一款或第二款规定的情况下实施本条第一款定义的性骚扰的，应处一年以下监禁或七百二十日以下罚金。

三、任何人以第一款规定的方式对未达法定年龄者进行性骚扰的，应处三年以下监禁。

第二百零四条[③]　对无防卫能力者或精神障碍者的性虐待

一、对于无防卫能力者或因精神疾病、精神残疾、严重意识障碍或其他与上述情况相当的严重精神障碍而无法理解该行为的重要性或无法在这方面作出判断的人，任何人利用这种情况，通过与无防卫能力者或前述精神障碍者进行性交或等同于性交的性行为，或者通过诱使无防卫能力者或精神障碍者与他人进行性交或默许性交或等同于性交的性行为，或者以性唤起或满足行为人或第三方为目的，通过诱使无防卫能力者或精神障碍者对自己进行等同于性交的性行为，从而对无防卫能力者或精神障碍者进行虐待的，应处一年以上十年以下监禁。

二、任何人利用这一条件对无防卫能力者或前述精神障碍者（第一款）进行第一款所述情况以外的性虐待，或者诱使无防卫能力者或精神障碍者与其他人进行性行为，或者以性唤起或满足行为人或其他人为目的，诱使无防卫能力者或精神障碍者对自己进行性行为的，应处六个月以上五年以下监禁。

三、如果该行为导致受虐待者受到严重身体伤害（第八十四条第一款）或

① 第二百零二条由列支敦士登法律公报 2011 年第 184 号废止。

② 第二百零三条由列支敦士登法律公报 2019 年第 124 号修改。

③ 第二百零四条由列支敦士登法律公报 2019 年第 124 号修改。

怀孕，或者如果由于该行为而使受虐待者长期处于痛苦状态或者特别堕落的，对行为人应处五年以上十五年以下监禁。但如果该行为造成受虐待者死亡的，对行为人应处十年以上二十年以下监禁或终身监禁。

第二百零四 a 条[①] **侵犯性自决**

一、任何人利用困境或事先的恐吓，违反他人意愿，与他人进行性交或等同于性交的性行为的，应处二年以下监禁，除非该行为根据其他条款规定应受到更严厉的处罚。

二、任何人以第一款所述方式致使他人与另一人进行或默许性交或等同于性交的性行为，或者以性唤起或满足行为人或第三方为目的，导致他人非自愿地对自己进行等同于性交的性行为的，应受到同样的处罚。

第二百零五条[②] **对未达法定年龄者的加重性虐待**

一、任何人与未达法定年龄者进行性交或等同于性交的性行为的，应处二年以上十年以下监禁。[③]

二、任何人诱使未达法定年龄者与他人进行或默许性交或等同于性交的性行为，或者以性唤起或满足行为人或第三方为目的，诱使未达法定年龄者进行相当于对自己性交的性行为的，也应受到同样的处罚。

三、如果该行为导致未达法定年龄者严重身体伤害（第八十四条第一款）或怀孕，或者如果由于该行为，未达法定年龄者长期处于痛苦状态或者特别堕落的，对行为人应处五年以上十五年以下监禁。但如果该行为导致未达法定年龄者死亡，则对行为人应处十年以上二十年以下监禁或终身监禁。[④]

四、如果行为人比未达法定年龄者年长不超过三岁，未达法定年龄者没有由于该行为而在较长时间内遭受痛苦或特别堕落，并且该行为既没有造成严重的身体伤害（第八十四条第一款），也没有导致未达法定年龄者死亡，则对行为

---

① 第二百零四 a 条由列支敦士登法律公报 2019 年第 124 号增加。

② 第二百零五条由列支敦士登法律公报 2001 年第 16 号修改。

③ 第二百零五条第一款由列支敦士登法律公报 2023 年第 48 号修改。

④ 第二百零五条第三款由列支敦士登法律公报 2019 年第 124 号修改。

人不应按照第一款和第二款予以处罚，除非未达法定年龄者尚未满十二岁。[①]

第二百零六条[②]　对未达法定年龄者的性虐待

一、除第二百零五条规定的情况外，任何人对未达法定年龄者进行性行为或让未达法定年龄者对自己进行性行为的，应处一年以上五年以下监禁。[③]

二、任何人诱使未达法定年龄者与他人进行性行为（第一款），或以性唤起或满足行为人或第三方为目的，诱使未达法定年龄者对自己进行性行为的，也应受到同样的处罚。

三、如果该行为导致严重的人身伤害（第八十四条第一款），或者如果由于该行为，未达法定年龄者长期处于痛苦状态或特别堕落，对行为人应处五年以上十五年以下监禁。但如果该行为造成未达法定年龄者死亡，则对行为人应处十年以上二十年以下监禁或终身监禁。[④]

四、如果行为人比未达法定年龄者年长不超过三岁，未达法定年龄者没有由于该行为而在较长时间内遭受痛苦或特别堕落，并且该行为既没有造成严重的身体伤害（第八十四条第一款），也没有导致未达法定年龄者死亡，则对行为人不应按照第一款和第二款予以处罚，除非未达法定年龄者尚未满十二岁。[⑤]

第二百零七条　危害未达法定年龄者或青少年的道德[⑥]

一、任何人以性唤起或满足行为人或第三方为目的，实施能够危害未达法定年龄者或青少年的道德、心理或健康发展的行为，并在其抚养、教育或监督的未达法定年龄者或青少年面前，通过信息或通信技术直接或间接地这样做的，应处一年以下监禁或七百二十日以下罚金，除非在案件情况下排除了对未达法定年龄者或青少年的任何危害。[⑦]

---

① 第二百零五条第四款由列支敦士登法律公报 2019 年第 124 号修改。

② 第二百零六条由列支敦士登法律公报 2001 年第 16 号修改。

③ 第二百零六条第一款由列支敦士登法律公报 2023 年第 48 号修改。

④ 第二百零六条第三款由列支敦士登法律公报 2019 年第 124 号修改。

⑤ 第二百零六条第四款由列支敦士登法律公报 2019 年第 124 号修改。

⑥ 第二百零七条的标题由列支敦士登法律公报 2001 年第 16 号修改。

⑦ 第二百零七条第一款由列支敦士登法律公报 2019 年第 124 号修改。

二、如果该行为导致严重的身体伤害（第八十四条第一款），对行为人应处三年以下监禁。①

三、如果第一款情形下行为人比未达法定年龄者年长不超过三岁，则不应根据第一款处罚犯罪人，除非未达法定年龄者尚未满十二岁。②

第二百零八条③　对未成年人的性虐待

一、任何人在年满十八岁后，对未满十六岁的他人进行性虐待，或诱使该他人与第三人进行性行为，或以性唤起或满足行为人或第三人为目的，诱使该他人对自己进行性行为，并具有下列情形的，应处三年以下监禁：

（一）利用该他人缺乏性自决能力；或者

（二）利用其身处困境。

二、任何人为了换取有价值的对价，对未满十八岁的他人进行性虐待，或诱使该他人与第三人进行性行为，或者以性唤起或满足行为人或第三人为目的，诱使该他人与自己进行性行为的，应受到同样的处罚。

三、如果第一款或第二款所述情形中的性虐待包括性交或等同于性交的性行为，对行为人应处六个月以上五年以下监禁。④

四、如果第一款、第二款或第三款所述行为导致严重的身体伤害（第八十四条第一款），则对行为人应处一年以上十年以下监禁。⑤

第二百零九条⑥　与未达法定年龄者开始性接触

一、任何人通过信息或通信技术或以任何其他方式，以欺骗手段，建议或安排与未达法定年龄者近距离接触或者面对面会面，意图对该未达法定年龄者实施第二百条、第二百零一条、第二百零四条、第二百零五条、第二百零六条或第二百一十九条第一款第一项所述罪行，如果已经就这种会面采取了准备行动，

① 第二百零七条第二款由列支敦士登法律公报 2001 年第 16 号修改。

② 第二百零七条第三款由列支敦士登法律公报 2019 年第 124 号增加。

③ 第二百零八条由列支敦士登法律公报 2011 年第 184 号修改。

④ 第二百零八条第三款由列支敦士登法律公报 2019 年第 124 号修改。

⑤ 第二百零八条第四款由列支敦士登法律公报 2019 年第 124 号增加。

⑥ 第二百零九条由列支敦士登法律公报 2011 年第 184 号修改。

则应处三年以下监禁。

二、任何人通过信息或通信技术与未达法定年龄者建立联系，目的是实施第二百一十九条第一款第二项或第四款所述与未成年人色情描写（第二百一十九条第一款第五项）有关的犯罪的，应处一年以下监禁或七百二十日以下罚金。

三、任何人在当局（第一百五十一条第三款）得知其罪行之前，自愿放弃其计划并向当局披露其罪责的，不应根据第一款和第二款对其进行处罚。

第二百零九 a 条[①]　对未达法定年龄者的不道德影响

一、任何人因性方面的原因而使未达法定年龄者目睹性行为的，应处三年以下监禁。

二、如果行为人比未达法定年龄者年长不超过三岁，并且该性行为不属于第二百条、第二百零一条、第二百零四条至第二百零六条或第二百零八条定义的犯罪行为的，则不应根据第一款对行为人予以处罚，除非该未达法定年龄者尚未满十二岁。[②]

第二百一十条[③]　卖淫

一、自愿卖淫的，应处六个月以下监禁或七百二十日以下罚金。[④]

二、第一款中的卖淫应包括以能够造成合理的公共烦扰的方式、旨在建立卖淫关系的任何行为。

第二百一十一条[⑤]　乱伦

一、任何人与直系亲属发生性交或等同于性交的性行为的，应处一年以下监禁或七百二十日以下罚金。[⑥]

二、任何人引诱晚辈亲属进行性交或等同于性交的性行为的，应处三年以

---

① 第二百零九 a 条由列支敦士登法律公报 2011 年第 184 号增加。

② 第二百零九 a 条第二款由列支敦士登法律公报 2019 年第 124 号增加。

③ 第二百一十条由列支敦士登法律公报 2001 年第 16 号修改。

④ 第二百一十条第一款由列支敦士登法律公报 2019 年第 124 号修改。

⑤ 第二百一十一条由列支敦士登法律公报 2001 年第 16 号修改。

⑥ 第二百一十一条第一款由列支敦士登法律公报 2019 年第 124 号修改。

下监禁。

三、任何人与兄弟或姐妹性交或进行等同于性交的性行为的,应处六个月以下监禁或三百六十日以下罚金。[①]

四、实施行为时未满十八岁的人,被引诱实施该行为的,不应以乱伦处罚。

第二百一十二条[②] 滥用权力关系

一、任何人,就与该人有亲属关系的未成年人而言,就其未成年领养子女、继子女或被监护人而言,以及任何人,通过利用其相对于受其抚养、教育或监督的未成年人的地位,对该他人或该未成年人进行性虐待,或诱使该他人和该未成年人与另一人进行性行为,或者以性唤起或满足行为人或第三人为目的,诱使该他人或未成年人对自己进行性行为的,处三年以下监禁。[③]

二、行为人具有下列情形的,也应受到同样的处罚:[④]

(一)作为医生,作为法律规定的卫生职业人员或牧师,对受其专业护理的人实施上述行为;

(二)作为教育机构的雇员或在教育机构工作的其他人员,对受该机构看顾的他人实施上述行为;

(三)作为官员,对受其正式拘押的他人实施上述行为;或者

(四)对于因精神或心理疾病或残疾(包括成瘾)而被托付给行为人的他人,托付给行为人是为了进行辅导、治疗或护理;或者

(五)对于因某种困境、工作关系或以类似方式依赖于行为人的他人,行为人利用其相对于该他人的地位,对该他人进行性虐待或诱使该他人与另一人进行性行为,或以性唤起或满足行为人或第三人为目的,诱使该他人对自己进行性行为。

三、如果该行为导致严重的身体伤害(第八十四条第一款),则对行为人应处六个月以上五年以下监禁。

---

① 第二百一十一条第三款由列支敦士登法律公报 2019 年第 124 号修改。

② 第二百一十二条由列支敦士登法律公报 2001 年第 16 号修改。

③ 第二百一十二条第一款由列支敦士登法律公报 2019 年第 124 号修改。

④ 第二百一十二条第二款由列支敦士登法律公报 2019 年第 124 号修改。

第二百一十三条 性行为中介

一、任何人,对于与其有第二百一十二条所述关系并且受该条所述条件约束的他人,诱使该他人与第三人进行性行为,或者使未达法定年龄者与其他人接近以进行性行为的,处三年以下监禁。①

二、如果行为人的行为是为了给自己或他人获取金钱利益,则应处六个月以上五年以下监禁。

第二百一十四条② 安排与未成年人的性接触以换取有价值的回报

一、任何人使未达法定年龄者与第三人接近以进行性行为,从而为自己或他人获取金钱利益的,应处六个月以上五年以下监禁。

二、除第一款所述情况外,任何人使未成年人与第三人接近以进行性行为,从而为自己或他人获取金钱利益的,应处六个月以上二年以下监禁。

第二百一十五条 带领卖淫③

一、任何人带领他人卖淫的,应处二年以下监禁。④

二、已废止。⑤

第二百一十五a条⑥ 促进未成年人卖淫和色情表演

一、任何人招募未成年人卖淫或参与色情表演(即使该未成年人已经从事卖淫),或为此目的向第三人提供或安排未成年人的,应处六个月以上五年以下监禁。任何人在这方面剥削未成年人,通过未成年人从事卖淫活动或参与色情表演,为自己或他人获取金钱利益的,也应受到同样的处罚。⑦

二、任何人作为犯罪集团的一部分,通过故意或严重疏忽使用严重暴力(第六条第三款)危及他人生命或对他人造成特别严重的不利影响,实施该行为的,应处六个月以上五年以下监禁。任何人对未达法定年龄者实施此类行为

---

① 第二百一十三条第一款由列支敦士登法律公报2019年第124号修改。

② 第二百一十四条由列支敦士登法律公报2019年第124号修改。

③ 第二百一十五条的标题由列支敦士登法律公报2011年第184号修改。

④ 第二百一十五条第一款由列支敦士登法律公报2001年第16号修改。

⑤ 第二百一十五条第二款由列支敦士登法律公报2011年第184号废止。

⑥ 第二百一十五a条由列支敦士登法律公报2011年第184号增加。

⑦ 第二百一十五a条第一款由列支敦士登法律公报2019年第124号修改。

的，应处一年以上十年以下监禁。[1]

三、任何人对自己、他人或动物实施性行为，如果该性行为本身与其他生活表达方式分离并用于性唤起观看者，或者让人对自己实施该行为或以这种方式展示自己的生殖器或阴部的，则该人应被视为参与色情表演。

四、任何人故意参加未成年人参与的色情表演的，应处三年以下监禁。

第二百一十六条　淫媒[2]

一、任何人利用卖淫的人，意图从他人卖淫活动中获得常规收入的，应处二年以下监禁。[3]

二、任何人剥削或恐吓卖淫的人，或规定他人从事卖淫的条件，或同时利用若干名卖淫的人，意图从他人卖淫活动中获得常规收入的，应处三年以下监禁。[4]

三、任何人通过恐吓阻止他人放弃卖淫的，也应处六个月以上五年以下监禁。[5]

四、任何人作为犯罪集团的成员实施第一款或第二款规定的行为的，应处六个月以上五年以下监禁。[6]

五、如果被利用的人尚未满十八岁，对行为人应处六个月以上五年以下监禁。[7]

第二百一十七条　跨境卖淫[8]

一、任何人安排或者招募他人在该他人的国籍国或者惯常居住国以外的国家从事卖淫活动的（即使该他人已经从事卖淫活动），应处六个月以上五年以

---

① 第二百一十五 a 条第二款由列支敦士登法律公报 2019 年第 124 号修改。
② 第二百一十六条的标题由列支敦士登法律公报 2001 年第 16 号修改。
③ 第二百一十六条第一款由列支敦士登法律公报 2019 年第 124 号修改。
④ 第二百一十六条第二款由列支敦士登法律公报 2001 年第 16 号修改。
⑤ 第二百一十六条第三款由列支敦士登法律公报 2019 年第 124 号修改。
⑥ 第二百一十六条第四款由列支敦士登法律公报 2019 年第 124 号修改。
⑦ 第二百一十六条第五款由列支敦士登法律公报 2001 年第 16 号修改。
⑧ 第二百一十七条的标题由列支敦士登法律公报 2007 年第 186 号修改。

下监禁。但如果行为人基于商业目的实施该行为，则应处一年以上十年以下监禁。①

二、任何人意图让他人（第一款）在其国籍国或惯常居住国以外的国家从事卖淫活动，通过有关该计划的欺骗来诱导他人，或以武力或危险威胁来胁迫他人前往另一国家，或通过武力或利用他人对该计划的认识错误，将该他人运送到另一个国家的，应处一至十年监禁。②

第二百一十八条③　露阴癖

任何人在公共场所进行性行为，并且在这种情况下，因其行为可以被直接感知到而能够引起合理烦扰的，应处六个月以下监禁或三百六十日以下罚金。

第二百一十八 a 条　色情物品④

一、任何人提供、展示、传递或者在电台、电视或其他电子媒体上提供或传播色情书面资料、音频或视频记录、图像、其他此类物品或未满十六岁的他人的色情展示的，应处六个月以下监禁或三百六十日以下罚金。⑤

二、任何人公开展览或展示第一款所述的物品或展示品，或者在没有被要求的情况下将它们提供给他人的，应处三个月以下监禁或一百八十日以下罚金。行为人如果事先提请室内展览或室内展示的参观者注意其色情性质的，不应受到处罚。⑥

三、任何人生产、进口、储存、流通、宣传、展览、提供、展示、传递或制作第一款所述物品或展示，其内容包括与动物的性行为、人类排泄物或暴力行为的，应处二年以下监禁。⑦

四、任何人取得或拥有第一款所述物品或展示，其内容包括暴力行为的，应

① 第二百一十七条第一款由列支敦士登法律公报 2001 年第 16 号修改。

② 第二百一十七条第二款由列支敦士登法律公报 2001 年第 16 号修改。

③ 第二百一十八条由列支敦士登法律公报 2001 年第 16 号修改。

④ 第二百一十八 a 条的标题由列支敦士登法律公报 2001 年第 16 号修改。

⑤ 第二百一十八 a 条第一款由列支敦士登法律公报 2001 年第 16 号修改。

⑥ 第二百一十八 a 条第二款由列支敦士登法律公报 2001 年第 16 号修改。

⑦ 第二百一十八 a 条第三款由列支敦士登法律公报 2011 年第 184 号修改。

处一年以下监禁。[①]

五、任何人出于商业目的或作为犯罪集团成员实施第一款至第三款所述行为的，应处三年以下监禁。[②]

六、本规定中的物品或展示如果具有值得保护的文化或科学价值，则不应视为色情物品。[③]

第二百一十九条[④]　有关未成年人的色情描绘

一、任何人实施下列行为的，应处六个月以上五年以下监禁：[⑤]

（一）制作有关未成年人的色情描绘；或者

（二）提供、获取、传递、展示或以任何其他方式使他人可获得有关未成年人的色情描绘（第五款）。

二、任何人为传播目的而制作、进口、运输或出口有关未成年人的色情描绘（第五款）的，或出于商业目的实施第一款所述行为的，应处一年以上十年以下监禁。[⑥]

三、任何人作为犯罪集团的成员或者以对未成年人特别严重不利的方式实施该行为的，应处五年以上十五年以下监禁；任何人使用严重暴力来制作有关未成年人的色情描绘（第五款），或者制作该色情描绘时，出于故意或严重疏忽（第六条第三款）而危及所描写的未成年人的生命的，应受到同样的处罚。[⑦]

四、任何人实施下列行为的，应处三年以下监禁：[⑧]

（一）为自己制作有关未成年人的色情描绘（第五款）或拥有任何此类描绘；或者

（二）利用信息或通信技术，故意获取有关未成年人的色情描绘。

---

① 第二百一十八 a 条第四款由列支敦士登法律公报 2011 年第 184 号修改。

② 第二百一十八 a 条第五款由列支敦士登法律公报 2007 年第 186 号修改。

③ 第二百一十八 a 条第六款由列支敦士登法律公报 2011 年第 184 号修改。

④ 第二百一十九条由列支敦士登法律公报 2011 年第 184 号修改。

⑤ 第二百一十九条第一款由列支敦士登法律公报 2023 年第 48 号修改。

⑥ 第二百一十九条第二款由列支敦士登法律公报 2023 年第 48 号修改。

⑦ 第二百一十九条第三款由列支敦士登法律公报 2023 年第 48 号修改。

⑧ 第二百一十九条第四款由列支敦士登法律公报 2023 年第 48 号修改。

五、下列应视为有关未成年人的色情描绘：

（一）关于对未成年人的性行为或者未成年人对自己、对他人或与动物发生性行为的图像或图像描绘；

（二）关于未成年人生殖器或阴部的图像或图像描绘，在某种程度上它们被简化为图像本身并与其他生活表达方式分离，用于性唤起观看者。

六、任何人在征得青少年同意的情况下制作或持有关于青少年的色情描绘，供青少年或个人使用的，不应根据第一款第一项和第四款第一项予以处罚。①

六a、此外，任何人具有以下情形的，不应被处罚：②

（一）在第一款、第二款和第四款第一项所述情况下，制作、拥有或向他人提供仅为该人个人使用的色情描绘，获取、传递、展示或以其他方式使他人获得其本人青少年时的色情描绘；或者

（二）拥有自己未达法定年龄时期的色情描绘。

七、本规定中的物品或展示，如果具有值得保护的文化或科学价值，则不应视为色情物品。

第二百二十条③　禁止从事特定职业

一、如果行为人对未成年人实施了侵犯性自决罪或其他性犯罪，并且在犯罪时，行为人正在或打算在关于未成年人教育、培训或监督或与未成年人有其他密切接触的协会或其他机构中从业或从事其他职业，如果存在行为人利用任何此类职业所提供的机会再次实施此类罪行且不仅仅造成轻微后果的风险，应禁止行为人从事这些职业和类似职业，禁止期限最短为一年、最长为五年。④

二、如果存在行为人在从事某一职业期间实施第一款所述类型的犯罪且具有造成严重后果的风险，或者即使在犯罪时刑事法院已禁止行为人从事该职业，行为人仍利用任何此类职业所提供的机会实施了第一款所述类型的罪行

---

① 第二百一十九条第六款由列支敦士登法律公报2019年第124号修改。

② 第二百一十九条第六a款由列支敦士登法律公报2019年第124号增加。

③ 第二百二十条由列支敦士登法律公报2011年第184号修改。

④ 第二百二十条第一款由列支敦士登法律公报2019年第124号修改。

的，则应无限期禁止其从事该特定职业。

三、如果随后出现或得知的情况不会导致禁止从事某一特定职业，而且这些情况在判决时已经存在，则法院必须解除禁止从事该特定职业的禁令。

四、在适用无限期禁止从事某一特定职业的情况下，法院必须至少每二年审查一次是否符合第二款规定的条件。

五、禁止从事特定职业的期限应从宣布禁止的决定成为最终决定时起算。行为人根据官方命令被拘留的时间不计入这一期间。

六、任何人知道根据上述规定其被禁止从事该职业，而仍然从事该职业的，应处六个月以下监禁或三百六十日以下罚金。

第二百二十一条①　已废止

① 第二百二十一条由列支敦士登法律公报2001年第16号废止。

第十一章　虐待动物的犯罪

第二百二十二条[①]　虐待动物

已废止。

① 第二百二十二条由列支敦士登法律公报 2005 年第 216 号废止。

第十二章　妨害文件与证据标志可靠性的犯罪

第二百二十三条　伪造文件

一、任何人制作伪造的文件或伪造真实文件，意图在法律交易中使用该文件来证明某项权利、法律关系或事实的，应处一年以下监禁或七百二十日以下罚金。[①]

二、任何人在法律交易中使用伪造或篡改的文件证明某项权利、法律关系或事实的，也应受到同样的处罚。

第二百二十四条　伪造受特别保护的文件

任何人对国内公文、外国公文（根据法律或政府间条约，该外国公文被认为等同于国内公文）、遗嘱处分或第二百三十七条中未提及的证券实施第二百二十三条规定的行为的，应处二年以下监禁。

第二百二十四 a 条[②]　接受、传递或持有虚假或伪造的受特别保护的文件

任何人从他人处接受、为自己或他人获取、运输、传递给他人或以其他方式持有虚假或伪造的受特别保护的文件（第二百二十四条），并意图在法律交易中使用该文件证明某项权利、法律关系或事实的，应处一年以下监禁或七百二十日以下罚金。

第二百二十五条　伪造公共认证标志

一、任何人伪造或篡改物品上的公共认证标志，错误地将物品归为有公共

---

① 第二百二十三条第一款由列支敦士登法律公报 2019 年第 124 号修改。

② 第二百二十四 a 条由列支敦士登法律公报 2019 年第 124 号增加。

认证标志，或对附着此类标志的物品进行重大更改，意图将该物品用于法律交易的，应处二年以下监禁。

二、任何人在法律交易中使用附有伪造或篡改的公共认证标志的物品，或被错误地归于有公共认证标志的物品，或者附着该标志后被实质性改变的物品，也应受到同样的处罚。

三、公共认证标志应包括由官员在其官方权力规定的范围内，或由具有公信力的人在其公务职责范围内，以规定的形式附着在物品上的标志，以确认与该物品有关的事实。

第二百二十五 a 条①　伪造数据

任何人通过输入、更改、删除或隐藏数据而产生虚假数据，或伪造真实数据，意图将该数据用于法律交易中以证明某项权利、法律关系或事实的，应处一年以下监禁或七百二十日以下罚金。

第二百二十六条　主动悔罪

一、任何人在伪造或篡改的文件、伪造或篡改的公共认证标志所附着的物品、被错误归为有公共认证标志的物品，或附着该标志后被实质性改变的物品，或者伪造或虚假的数据被用于法律交易之前，自愿通过销毁文件、认证标志或数据或以任何其他方式，消除以第二百二十三条至第二百二十五 a 条中的任何方式使用该文件、认证标志或数据的风险的，不应根据第二百二十三条至第二百二十五 a 条对行为人予以处罚。②

二、如果不存在任何此类使用的风险，或者如果在行为人没有任何参与的情况下消除了此类风险，而行为人对此并不知情且自愿、真诚地努力消除此类风险的，则不应对其予以处罚。

第二百二十七条　准备伪造公文或认证标志

一、任何人为了使自己或他人能够伪造国内公文或外国公文（如果根据法律或政府间条约，此类外国公文被认为等同于国内公文［第二百二十四条］），

---

① 第二百二十五 a 条由列支敦士登法律公报 2019 年第 124 号修改。

② 第二百二十六条第一款由列支敦士登法律公报 2009 年第 228 号修改。

或伪造公共认证标志(第二百二十五条),为自己或他人制作、获取,向他人提供或传递任何仪器或工具,该仪器或工具由于其特殊性质,显然是有意用于任何此类目的的,应处一年以下监禁或七百二十日以下罚金。①

二、在该仪器或工具被用于实施上述犯罪之前,行为人自愿销毁该仪器或工具或以其他方式消除任何此类使用的风险的,则不应根据第一款对其进行处罚。第二百二十六条第二款应比照适用。

第二百二十八条 间接虚假验证或认证

一、任何人在国内公文中使某项权利、法律关系或事实被善意地得到虚假认证,或使伪造的公共认证标志被善意地附着在物品上,如果该人的行为意图是将该文件用于法律交易,以证明该权利、法律关系或事实,或将该物品用于法律交易的,应处一年以下监禁或七百二十日以下罚金。②

二、任何人在法律交易中使用伪造的善意准备的国内公文以证明某项权利、法律关系或事实的,而该伪造文件是由该人或第三方故意实施的,应受到同样的处罚。任何人在法律交易中使用附着虚假公共认证标志的物品,而该虚假附着是由该人或第三方故意实施的,也应受到同样的处罚。

三、应比照适用第二百二十六条。

第二百二十九条 隐藏文件

一、任何人毁坏、损坏或隐瞒不由其支配或不由其单独支配的文件,如果其行为意图是阻止在法律交易中使用该文件来证明某项权利、法律关系或事实,则应处一年以下监禁或七百二十日以下罚金。③

二、任何人在该文件拟用于法律交易之前,自愿撤销对该文件的隐瞒,或者该人以其他方式使该隐瞒行为不会妨碍该文件拟提供的证据的,则不应根据第一款受到处罚。

第二百三十条 重新安置边界标志

一、任何人错放、移动、移除或使边界标志或水位标志无法辨认,并意图为

---

① 第二百二十七条第一款由列支敦士登法律公报 2019 年第 124 号修改。

② 第二百二十八条第一款由列支敦士登法律公报 2019 年第 124 号修改。

③ 第二百二十九条第一款由列支敦士登法律公报 2019 年第 124 号修改。

具有法律意义的事实制造或隐藏证据的，应处二年以下监禁。

二、任何人在上述标志意图用作证据或被用作证据之前，自愿纠正或恢复该标志，或者该人以任何其他方式使其行为不会妨碍该标志意图提供的证据的，则不应根据第一款受到处罚。

第二百三十一条　使用他人身份证件

一、任何人如果在法律交易中使用官方签发给他人的身份证件，如同该证件是发给自己的一样，应处六个月以下监禁或三百六十日以下罚金。

二、任何人如果将官方签发的身份证件交给他人，并且其意图在于让未经授权的人在法律交易中使用该官方身份证件，如同该证件是发给未经授权人的一样，也应受到同样的处罚。

三、任何人如果在未经授权的人在法律交易中使用该身份证件之前，自愿撤回身份证件，或者如果该人以其他方式消除了以第二款规定的方式使用该官方身份证件的任何风险的，则不应根据第二款受到处罚。

第十三章　妨害货币、证券、印章与非现金支付手段交易安全的犯罪[①]

第二百三十二条　伪造货币

一、任何人假冒或伪造货币，意图将其作为真实无伪的货币引入流通的，应处一年以上十年以下监禁。

二、任何人在假冒行为的参与者（第十二条）或中间人的同意下接受此类假冒或伪造货币，意图将其作为真实无伪的货币引入流通的，应受到同样的处罚。

第二百三十三条[②]　传送和持有假冒或伪造的货币

一、任何人实施下列行为的，应处五年以下监禁：

（一）进口、出口、运输、从他人处接收（第二百三十二条第二款所述情况除外），或以其他方式为自己购买或持有任何假冒或伪造的货币，意图将其冒充为真实无伪；或者

（二）将假冒或伪造的货币冒充为真实无伪。

二、任何人假冒或伪造的货币的票面金额超过三十万法郎的，应处一年以上十年以下监禁。

第二百三十四条　减损硬币分量并转移减损分量的硬币

一、任何人减损硬币的分量，意图以之冒充为全值硬币的，应处六个月以上

---

① 第二百三十二条之前的标题由列支敦士登法律公报 2019 年第 124 号修改。

② 第二百三十三条由列支敦士登法律公报 2019 年第 124 号修改。

五年以下监禁。

二、任何人实施下列行为的,[1]应处三年以下监禁。行为人实施下列行为,被减损分量的硬币的票面金额超过三十万法郎的,应处六个月以上五年以下监禁:

(一)意图将减损分量的硬币冒充为全价值,从他人处接受减损分量的硬币或以其他方式获得减损分量的硬币;或者

(二)将减损分量的硬币冒充为全值硬币的。

第二百三十五条[2]　挪用、隐藏或交易硬币废料

任何人购买、作为质押或以其他方式挪用、隐藏或交易他人从减损分量的硬币中获得的金属(第二百三十四条第一款)的,应处一年以下监禁或七百二十日以下罚金。

第二百三十六条　传递假币或减损分量的硬币

一、任何人将假冒或伪造的货币或减损分量的硬币冒充为真实无伪的货币或全值硬币的,应处一年以下监禁或七百二十日以下罚金。如果该人或代表该人的另一人此前善意地将该货币或硬币当作真实无伪的货币或全值硬币接受,则不会因此而承担刑事责任。[3]

二、任何人对另一个善意地将该货币或硬币当作真实无伪的货币或全值硬币接受而因此未被追究刑事责任的人作出第一款所述行为的,应受到同样的处罚。

第二百三十七条　伪造受特别保护的证券

任何人实施第二百三十二条、第二百三十三条或第二百三十六条规定的与非法定货币的国家票据或纸币、债券、部分公司债券、股票和其他股权证书、利息凭证、参股证券、利润股份证书或续保证明书有关的任何罪行(前提是这些证券是无记名证券)的,应根据第二百三十二条、第二百三十三条或第二百三

---

① 第二百三十四条第二款由列支敦士登法律公报 2019 年第 124 号修改。
② 第二百三十五条由列支敦士登法律公报 2019 年第 124 号修改。
③ 第二百三十六条第一款由列支敦士登法律公报 2019 年第 124 号修改。

十六条的规定受到处罚。

第二百三十八条　伪造印章

一、任何人假冒或伪造官方印章，意图将其用作真实无伪的印章的，应处三年以下监禁。

二、任何人实施下列行为的，应处二年以下监禁：

（一）从他人处接受或以任何其他方式获得上述假冒或伪造印章，意图将其用作真实无伪的印章；或者

（二）将任何上述假冒或伪造的印章作为真实无伪的印章使用的。

三、官方印章还应包括确认支付费用或任何其他税款的官方印章印记。

四、重复使用以前使用过的官方印章的，不应被法院处罚。

第二百三十九条　伪造货币、伪造证券或印章的预备

任何人为了使自己或他人能够实施根据第二百三十二条、第二百三十四条、第二百三十七条或第二百三十八条规定的行为，为自己或他人制造、获取，向他人提供或传送任何仪器或工具，而由于其特殊性质，该仪器或工具显然是用于任何此类目的的，应处二年以下监禁。

第二百四十条　主动悔罪

一、任何人不应根据第二百三十二条至第二百三十四条和第二百三十七条至第二百三十九条的规定受到处罚，如果该人自愿地：

（一）在上述行为完成之前停止其行为；

（二）销毁假冒或伪造的货币、证券或此类印章或减损分量的硬币以及用于假冒或伪造目的的任何工具（第二百三十九条），或将其交给当局（第一百五十一条第三款），前提是该人仍然持有这些物品；以及

（三）通过向此类当局报告信息或以其他方式消除任何风险——由于该人的行为或此活动中其他参与者的行为，假冒或伪造的货币或此类证券将被投入流通或假冒为真实无伪，或者减损分量的硬币被投入流通或假冒为全值硬币，或者假冒或伪造的印章假冒为真实无伪——只要尚未做出任何尝试来实现这些结果。

二、如果不存在第一款所列的风险，或者在行为人没有任何参与的情况下

消除了此类风险,但行为人对此不知情且自愿、真诚地努力消除此类风险,则行为人不应受到处罚。

第二百四十一条　外国的货币、证券和印章

本章的规定也适用于外国的货币、证券和印章。

第二百四十一 a 条①　伪造非现金支付手段

一、任何人出示虚假的非现金支付手段或伪造真实的非现金支付手段,意图将其用于法律交易,就好像真实的非现金支付手段一样的,应处三年以下监禁。

二、出于商业目的或作为犯罪集团成员而实施该行为的,应处六个月以上五年以下监禁。

第二百四十一 b 条②　接受、传送或持有虚假或伪造的非现金支付手段

任何人从他人处接受,为自己或他人获取,运输、传送给他人或以其他方式占有虚假或伪造的非现金支付手段,意图将其用于法律交易,就好像真实的非现金支付手段一样的,应处一年以下监禁或七百二十日以下罚金。

第二百四十一 c 条③　伪造非现金支付手段的预备

任何人为了使自己或他人能够伪造非现金支付手段,从他人处获取、接受,为自己或他人获取,传送给他人或以其他方式拥有任何仪器或工具,而该仪器或工具由于其特殊性质,显然是用于任何此类目的的,应处一年以下监禁或七百二十日以下罚金。

第二百四十一 d 条④　主动悔罪

一、任何人在伪造或虚假的非现金支付手段被用于法律交易之前,自愿地通过销毁该非现金支付手段,或在仪器或工具用于伪造非现金支付手段之前,通过毁坏该仪器或工具或以任何其他方式消除任何此类使用的风险的,该人不应因实施第二百四十一 a 条至第二百四十一 c 条规定的行为而受到处罚。

---

① 第二百四十一 a 条由列支敦士登法律公报 2019 年第 124 号增加。

② 第二百四十一 b 条由列支敦士登法律公报 2019 年第 124 号增加。

③ 第二百四十一 c 条由列支敦士登法律公报 2019 年第 124 号增加。

④ 第二百四十一 d 条由列支敦士登法律公报 2019 年第 124 号增加。

二、如果不存在任何此类使用的风险或者在行为人没有任何参与的情况下消除了此类风险，但行为人对此不知情且自愿、真诚地努力消除此类风险，则行为人不应受到处罚。

第二百四十一 e 条[①] 移除非现金支付手段

一、任何人为自己获取一种非现金支付手段，该支付手段其本人不得使用或不得单独使用，意图通过在法律交易中使用该手段不正当地为自己或第三方谋利的，应处二年以下监禁。任何人为自己获取一种非现金支付手段，该支付手段其本人不得使用或不得单独使用，意图使自己或他人能够伪造非现金支付手段（第二百四十一 a 条）的，也应受到同样的处罚。

二、任何人基于商业目的或作为犯罪集团成员实施该行为的，应处六个月以上五年以下监禁。

三、任何人意图阻止非现金支付手段在法律交易中的使用，毁损、破坏或隐藏其不得使用或不得单独使用的非现金支付手段的，应处一年以下监禁或七百二十日以下罚金。

第二百四十一 f 条[②] 接受、传送或持有被移除的非现金支付手段

任何人从他人处接受，为自己或他人获取，运输、传送给他人或以其他方式持有被移除的非现金支付手段，并意图通过使用该支付手段不正当地为自己或第三方谋利，或意图使自己或他人能够伪造非现金支付手段（第二百四十一 a 条）的，应处一年以下监禁或七百二十日以下罚金。

第二百四十一 g 条[③] 主动悔罪

一、任何人在被移除的非现金支付手段被用于法律交易或伪造非现金支付手段之前，自愿地通过向当局（第一百五十一条第三款）移交或以任何其他方式消除了任何此类使用的风险的，该人不应根据第二百四十一 e 条和第二百四十一 f 条受到处罚。

---

① 第二百四十一 e 条由列支敦士登法律公报 2019 年第 124 号增加。

② 第二百四十一 f 条由列支敦士登法律公报 2019 年第 124 号增加。

③ 第二百四十一 g 条由列支敦士登法律公报 2019 年第 124 号增加。

二、如果不存在任何此类使用的风险或者在行为人没有任何参与的情况下消除了此类风险，但行为人对此不知情且自愿、真诚地努力消除此类风险，则不应受到处罚。

第二百四十一 h 条[①]　窥探非现金支付手段的数据

一、任何人窥探非现金支付手段的数据，并具有下列意图的，应处一年以下监禁或七百二十日以下罚金：

（一）使自己或任何第三方通过在法律交易中使用这些数据而不正当地获利；或者

（二）使自己或任何其他人能够伪造非现金支付手段（第二百四十一 a 条）的。

二、任何人基于商业目的或作为犯罪集团成员实施该行为的，应处三年以下监禁。

三、如果行为人在使用第一款第一项或第二款所述的被窥探的数据之前，自愿通过通知当局、授权人员或任何其他方式消除了使用该数据的风险的，则行为人不应受到处罚。如果不存在任何此类使用的风险或者在行为人没有任何参与的情况下消除了此类风险，但行为人对此不知情且自愿、真诚地努力消除此类风险，则不应受到处罚。

---

① 第二百四十一 h 条由列支敦士登法律公报 2019 年第 124 号增加。

第十四章　重叛逆罪和其他针对国家的攻击

第二百四十二条　重叛逆罪

一、任何人以武力或以武力相威胁，实施修改列支敦士登公国宪法或分裂属于列支敦士登公国的领土的活动的，应处十年以上二十年以下监禁。

二、第一款中的“实施”还应包括仅有企图。

第二百四十三条　主动悔罪

一、行为人自愿放弃犯罪，或者行为人在多人参与犯罪计划时，阻止犯罪实施或自愿避免结果的，行为人不应因重叛逆罪受到处罚。

二、如果在没有行为人参与的情况下犯罪未完成或结果没有发生，而行为人对此不知情且自愿、真诚地努力阻止犯罪的完成或避免结果发生，则行为人不应受到处罚。

第二百四十四条　重叛逆罪的预备

一、任何人与他人合谋实施重叛逆罪的，应处一年以上十年以下监禁。

二、任何人以任何其他方式预备实施重叛逆罪，从而造成或大大增加着手实施重叛逆罪的风险，或者与外国勾结预备实施重叛逆罪的，应受到同样的处罚。

第二百四十五条　主动悔罪

一、如果犯罪人自愿放弃其行为，或者如果犯罪人在有多人参与准备活动时阻止了重叛逆罪的，则行为人不得因重叛逆的预备而受到处罚。

二、应比照适用第二百四十三条第二款。

第二百四十六条　颠覆性团体

一、任何人建立一个团体，其目的（即使不是唯一目的）是以违反法律的方式颠覆列支敦士登公国的独立、《宪法》规定的国家制度或宪政机构的，应处六个月以上五年以下监禁。

二、任何人以领导者身份积极参加此类团体，为此类团体招募成员，或以经济手段或其他重要方式支持该团体的，应受到同样的处罚。

三、任何人以第二款所述以外的方式参加此类团体或支持此类团体的，应处一年以下监禁或七百二十日以下罚金。①

第二百四十七条　主动悔罪

行为人在当局（第一百五十一条第三款）得知其罪行之前，自愿向当局披露了其所知的关于该团体及其计划的任何信息，且该信息在当时仍属秘密的，则该人不应根据第二百四十六条受到处罚。

第二百四十七a条②　颠覆运动

一、任何人发起颠覆运动或在该运动中起领导作用的，如果该人或其他参与者实施或促成了颠覆倾向明显的严重行为，应处二年以下监禁。

二、根据第一款规定的条件，任何人参与此类运动，意图鼓励实施颠覆行为，或者以相当多的财力或任何其他相当的方式支持此类运动的，应处一年以下监禁或七百二十日以下罚金。

三、颠覆运动是指一个由大量人员组成的团体，其目的是彻底拒绝承认列支敦士登公国（国家、市或其他自治政府）的主权权利，或者一再篡夺行使任何所谓的主权权利，目的在于违法地阻止法律、法令或国家机关其他主权决定的实施，或者以明确表明颠覆目的的方式一再行使其所篡夺的或所谓的主权权利。

四、其他条款对该行为规定了更严厉的刑罚的，不应根据第一款和第二款对行为人予以处罚。

---

① 第二百四十六条第三款由列支敦士登法律公报2019年第124号修改。

② 第二百四十七a条由列支敦士登法律公报2019年第124号增加。

五、任何人在当局得知其罪行之前，自愿退出此类运动，并明确表明不再支持颠覆目的，不得根据第一款和第二款对其进行处罚。

第二百四十八条　诋毁国家及其象征

一、任何人恶意侮辱或表达对列支敦士登公国的蔑视，并使其行为为公众所知的，应处一年以下监禁或七百二十日以下罚金。①

二、任何人以第一款规定的方式恶意侮辱、蔑视或诋毁在公共场合或公共活动中展示的国旗、列支敦士登政府确立的国徽或国歌的，应处六个月以下监禁或三百六十日以下罚金。

---

① 第二百四十八条第一款由列支敦士登法律公报 2019 年第 124 号修改。

第十五章　攻击国家高级机构

第二百四十九条　对亲王的武力和危险威胁

任何人以武力或危险的威胁(第二百四十二条第二款)废黜亲王,或以任何此类手段胁迫亲王行使权力,或者阻止其行使任何权力或以特定方式行使其权力的,应处一年以上十年以下监禁。

第二百五十条　胁迫议会或政府

任何人以武力或以武力威胁(第二百四十二条第二款)胁迫议会或政府行使权力,或者阻止他们行使任何权力或以特定方式行使其权力的,应处一年以上十年以下监禁。

第二百五十一条　胁迫议会或政府的成员

任何人以武力或危险的威胁胁迫国会或政府的成员行使权力,或者阻止其行使任何权力或以特定方式行使其权力的,应处六个月以上五年以下监禁。如果是严重胁迫(第一百零六条),则应处一年以上十年以下监禁。

第十六章　叛　逆　罪

第二百五十二条　出卖国家秘密

一、任何人泄露国家秘密或者使外国或超国家机构或政府间机构获得国家秘密的，应处一年以上十年以下监禁。

二、任何人泄露国家秘密或者将国家秘密公开的，应处六个月以上五年以下监禁。如果国家秘密涉及对《宪法》构成威胁的事实（第三款），则行为人只有在其行为旨在对列支敦士登公国造成不利的情况下才应受到处罚。对于对《宪法》构成威胁的事实的错误假设不能免除行为人的处罚。

三、对《宪法》构成威胁的事实是指披露以违宪的方式废除列支敦士登公国的君主制、民主制、议会结构或法治，或废除或限制宪法保障的权利，或一再侵犯这种权利的事实。

第二百五十三条　泄露国家秘密

一、负有法律义务，特别是有义务对其知道是国家秘密的秘密予以保密的任何人，违反保密义务，从而使外国、超国家机构或政府间机构或公众可能知道或获取该秘密的，应处三年以下监禁。

二、如果国家秘密涉及对《宪法》构成威胁的事实（第二百五十二条第三款），则只有当行为人的目的是对列支敦士登公国造成不利时，才应对其予以处罚。对于对《宪法》构成威胁的事实的错误假设不能免除行为人的处罚。

第二百五十四条　窥探国家秘密

一、任何人扣留或获取国家秘密，意图将其泄露或者让外国、超国家机构或国际机构或公众知晓，从而对列支敦士登公国的国防或列支敦士登公国与外国或超国家机构或国际机构的关系造成严重不利的风险的,应处六个月以上五年以下监禁。

二、应比照适用第二百五十三条第二款。

第二百五十五条 国家秘密的定义

本章中的国家秘密应为事实、物品或见解,特别是文字、图形、模型和公式,以及仅限少数人才能获取的任何相关信息,并且必须对外国、超国家机构或政府间机构保密,以避免对列支敦士登公国的国防或列支敦士登公国与外国或超国家机构或政府间机构的关系造成严重不利的风险。

第二百五十六条 危害列支敦士登公国的秘密情报机构

任何人成立或经营秘密情报机构,损害列支敦士登公国利益,或者以任何方式支持这种情报机构的,应处三年以下监禁。

第二百五十七条 援助敌方武装部队

一、列支敦士登公民在列支敦士登公国参与战争或武装冲突期间,进入敌方武装部队服役或者携带武器对抗列支敦士登公国的,应处一年以上十年以下监禁。

二、任何人在列支敦士登公国参与战争或武装冲突期间,或在面临这种战争或武装危机迫在眉睫的危险时,向敌方武装部队提供有利条件的,应受到同样的处罚。外国国民只有其在列支敦士登境内实施该行为时,才应根据本条规定受到处罚。

第二百五十八条 叛国的伪造和销毁证据

一、任何人在以下方面制造伪造的证据或捏造、销毁、损坏或者消除真实证据,从而危害列支敦士登公国利益的,应处六个月以上五年以下监禁:

(一)对有关列支敦士登公国与外国或超国家机构或政府间机构之间的法律关系;或者

(二)对有关列支敦士登公国与外国或超国家机构或政府间机构之间关系的重要事实。

二、任何人利用这种伪造或捏造的证据,从而危害列支敦士登公国的利益的,也应受到同样的处罚。

第十七章　危害国防的犯罪

第二百五十九条　违反保卫国家的义务

任何人在动员时违反保卫国家的义务的，应处六个月以上五年以下监禁。

第二百六十条　破坏武器

任何人违反其所承担的义务，不制造或交付或者有瑕疵地制造或交付专门或主要用于国防或保护平民免受战争危险的武器、设施或装置，或用于此目的的材料，并且以这种方式故意危害国防或对平民的保护的，除非该行为根据其他条款受到更严厉的处罚，否则应处六个月以上五年以下监禁。

第十八章　选举和投票中的犯罪

第二百六十一条　适用范围

一、本章规定适用于公共事务中的选举和投票。

二、对提名文件或者公民投票、动议、议会召集或解散程序的签名应等同于选举和投票。

第二百六十二条　扰乱选举

一、任何人以武力或危险的威胁胁迫他人投票或以特定方式投票，或者阻止该他人投票或以特定方式进行投票的，应处一年以下监禁或七百二十日以下罚金；但是，如果符合第一百零六条规定的条件，则应按第一百零六条规定的刑罚予以处罚。①

二、任何人以胁迫以外的任何其他方式阻止他人行使其投票权的，应处六个月以下监禁或三百六十日以下罚金。

第二百六十三条　选举或投票中的欺骗

一、任何人在投票时以在事实上欺骗的方式造成或试图造成他人误解其声明的内容，或违背其意愿投出无效票的，应处六个月以下监禁或三百六十日以下罚金。

二、任何人在与举行选举或投票有关的场合中以欺骗手段造成或试图造成他人没有投票的，也应受到同样的处罚。

第二百六十四条　在选举或投票中传播假消息

一、任何人公开传播关于某情况的虚假消息，从而能够阻止合格选民投票，

---

①　第二百六十二条第一款由列支敦士登法律公报 2019 年第 124 号修改。

或者可能导致选民在回应不能被有效传播的时间点以特定方式行使投票权的，应处六个月以下监禁或三百六十日以下罚金。

二、在这种情况下，任何人利用伪造或捏造的文件使第一款所述假消息看起来可信的，应处三年以下监禁。

第二百六十五条　选举或投票中的主动贿赂

一、任何人向合格选民给予、承诺或提供任何有价值的对价，以便该合格选民以特定方式投票或根本不投票或以特定方式不投票的，应处一年以下监禁或七百二十日以下罚金。[①]

二、任何合格选民如果要求、同意或接受有价值的对价承诺，以换取其本人以特定方式投票或根本不投票或不以特定方式投票的，也应受到同样的处罚。

第二百六十六条　选举或投票造假

一、任何人在没有投票资格的情况下投票，或者任何人以不被允许的方式投票的，应处六个月以下监禁或七百二十日以下罚金。

二、伪造选举或投票结果的，应处三年以下监禁。

第二百六十七条　阻止选举或投票

任何人以武力或危险的威胁阻止或故意扰乱选举、投票或投票结果的确定或宣布的，应处三年以下监禁。

第二百六十八条　违反选举或投票保密

任何人违反关于保护选举或投票保密性的规定，目的是使自己或他人了解某人的投票方式的，应处六个月以下监禁或三百六十日以下罚金。

---

① 第二百六十五条第一款由列支敦士登法律公报 2019 年第 124 号修改。

第十九章　妨害国家权力的犯罪

第二百六十九条　抵制国家当局

一、任何人以武力或武力威胁阻止当局执行公务，以及任何人以暴力或危险威胁阻止官员执行公务的，应处三年以下监禁。但如果是严重胁迫（第一百零六条），则应处六个月以上五年以下监禁。

二、任何人以武力或武力威胁胁迫当局，或者以武力或危险威胁胁迫官员执行公务的，也应受到同样的处罚。

三、就第一款和第二款规定而言，只有官员作为主权行政当局或司法机构的一部分而行使命令权或强制权的行为，才应被视为公务。

四、如果当局或官员无权执行相关公务行为，或者该公务行为违反了刑法规定，则行为人不应根据第一款受到处罚。

第二百七十条　对官员的身体攻击

一、任何人在公务行为（第二百六十九条第三款）中对官员实施身体攻击的，应处六个月以下监禁或三百六十日以下罚金。

二、应比照适用第二百六十九条第四款。

第二百七十一条　破坏扣押

一、任何人毁损、破坏、污损、使其无法使用或者将已被正式扣押或没收的物品全部或部分撤回的，应处六个月以下监禁或三百六十日以下罚金。

二、应比照适用第二百六十九条第四款。

三、任何人在当局（第一百五十一条第三款）得知其罪责之前，自愿退还从扣押或没收物品中撤回的物品的，不应根据第一款受到处罚。

第二百七十二条　破坏封印

一、任何人损坏或移除官员在执行其公务时为密封或扣押或标记物品而加盖的封印,并全部或部分使该封印造成的密封失效,应处六个月以下监禁或三百六十日以下罚金。

二、应比照适用第二百六十九条第四款。

三、任何人在当局(第一百五十一条第三款)得知其罪行之前,自愿使该物品被再次封印或扣押,且未对其目的造成任何重大损害的,不应根据第一款受到处罚。

第二百七十三条　违反当局公告

一、任何人毁损、破坏、移除或更改其明知(第五条第三款)已由当局展示或提供用于公告目的的书面文件,或者任何人使该书面文件的全部或部分内容无法辨认,从而妨碍或有损该书面文件中公告的目的的,应处六个月以下监禁或三百六十日以下罚金。

二、应比照适用第二百六十九条第四款。

三、任何人在当局(第一百五十一条第三款)得知其罪行之前,自愿地使该公告的目的在没有任何重大妥协的情况下得以实现的,不应根据第一款受到处罚。

第二十章　危害公共安宁的犯罪

第二百七十四条[①]　**严重暴力的共同犯罪**

一、任何人故意参加多人集会，其目的是通过共同武力谋杀（第七十五条）、非预谋杀人（第七十六条）、身体伤害（第八十四条至第八十七条）或第一百二十六条第一款第五项或第二款规定的严重损坏财产，如果实施任何此类暴力行为，应处二年以下监禁。

二、任何人以领导者身份参加此类集会或以煽动他人实施第一款所列罪行的方式参与，或作为参与者实施或参与（第十二条）实施任何此类犯罪行为的，应处三年以下监禁。

三、如果行为人在该集会导致使用暴力之前自愿退出或真诚寻求退出，除非行为人以第二款所述方式参加了集会，否则不应根据第一款对行为人进行处罚。

第二百七十五条　通过制造恐惧扰乱公共安宁

任何人通过威胁对生命、健康、人身完整、自由或财产进行攻击，从而导致群众或很多人感到恐惧和不安的，应处三年以下监禁。

第二百七十六条　散布虚假和令人不安的谣言

任何人故意散布其明知（第五条第三款）是虚假的谣言并且能够给很多人造成困扰，从而危害公共秩序的，应处六个月以下监禁或三百六十日以下罚金。

第二百七十七条　犯罪共谋

一、任何人与他人合谋共同实施谋杀（第七十五条），勒索性绑架（第一百

---

① 第二百七十四条由列支敦士登法律公报 2019 年第 124 号修改。

零二条)，交付给外国(第一百零三条)，奴隶贸易(第一百零四条)，抢劫(第一百四十二条)，第一百六十九条、第一百七十一条、第一百七十三条、第一百七十六条、第一百八十五条或第一百八十六条规定的危害公共安全犯罪或跨境卖淫(第二百一十七条)的，应处六个月以上五年以下监禁。①

二、任何人自愿地向当局(第一百五十一条第三款)或处于危险中的人报告信息，从而阻止了预期的犯罪的，不得根据第一款对其进行处罚。如果在没有行为人参与的情况下该犯罪没有实施，而行为人对此不知情且自愿、真诚地努力以防止该犯罪发生，则行为人不应受到处罚。

第二百七十八条②　犯罪集团

一、任何人成立犯罪集团或者以成员身份参与此类犯罪集团的，应处三年以下监禁。

二、犯罪集团是指一个由二人以上组成、意图长期存在的组织，旨在由该集团的一名或多名成员实施一项或多项犯罪、其他针对生命和身体的实质性暴力行为(不仅仅是对财产的轻微损害、盗窃或欺诈行为)，或第一百六十五条、第一百七十七 b 条、第二百三十三条至第二百三十九条、第二百四十一 a 条至第二百四十一 c 条、第二百四十一 e 条、第二百四十一 f 条、第三百零四条或第三百零七条中规定的轻罪，或第二百七十八 d 条第一款规定的其他轻罪。③

三、任何人在犯罪集团的犯罪目标范围内实施犯罪，或者通过提供信息或资产或以任何其他方式参与其活动，且明知自己因此而助长犯罪集团或其罪行的，应被视为犯罪集团的成员。

四、在该集团没有造成任何计划中的犯罪的情况下，如果该集团自愿解散或其行为表明其自愿放弃其承诺的，则其任何成员均不应受到处罚。此外，在实施或企图实施计划中的行为之前自愿退出该集团的人不应因犯罪集团的罪行而受到处罚。任何以领导者身份参与该团体的人，只有在其自愿向当局(第

---

① 第二百七十七条第一款由列支敦士登法律公报 2007 年第 186 号修改。

② 第二百七十八条由列支敦士登法律公报 2007 年第 186 号修改。

③ 第二百七十八条第二款由列支敦士登法律公报 2019 年第 124 号修改。

一百五十一条第三款)报告信息或者以其他方式消除该集团产生的危险的,才能免受处罚。

第二百七十八 a 条[①]　犯罪组织

任何人成立一个由很多人组成的意图长期存在的类似企业的组织,或作为成员(第二百七十八条第三款)参与或资助该组织,该组织具有下列情形的,应处一年以上十年以下监禁。第二百七十八条第四款应相应适用:

(一)目的(即使不是唯一的)在于反复地和有计划地实施威胁生命、人身完整、自由或资产的严重犯罪,或与对人的性剥削、走私人口或非法买卖武器、核材料和放射性材料、危险废物、假币或麻醉品有关的严重犯罪;

(二)旨在获得大规模的财富或者对政治或经济产生重大影响;以及

(三)旨在腐败或恐吓他人或以特殊方式保护自己免受刑事起诉。

第二百七十八 b 条　恐怖集团[②]

一、任何领导恐怖集团的人(第三款),应处五年以上十五年以下监禁。[③]

二、任何人以成员身份参与恐怖集团(第二百七十八条第三款)或在经济上支持恐怖组织的,应处一年以上十年以下监禁。[④]

三、恐怖集团是指由两个以上成员组成、意图长期存在的组织,旨在由其一名或多名成员实施一项或多项恐怖主义犯罪(第二百七十八 c 条)或者资助恐怖主义活动(第二百七十八 d 条)。[⑤]

第二百七十八 c 条　恐怖主义犯罪[⑥]

一、恐怖主义犯罪应指实施下列罪行,[⑦]且能够对公共生活造成严重或持久的破坏或者对经济活动造成严重损害,并且该行为的意图是以严重方式恐吓民众,胁迫公共当局或国际组织采取作为、默许或不作为,或者严重颠覆或破坏

---

① 第二百七十八 a 条由列支敦士登法律公报 2007 年第 186 号修改。

② 第二百七十八 b 条的标题由列支敦士登法律公报 2003 年第 236 号增加。

③ 第二百七十八 b 条第一款由列支敦士登法律公报 2019 年第 158 号修改。

④ 第二百七十八 b 条第二款由列支敦士登法律公报 2007 年第 186 号修改。

⑤ 第二百七十八 b 条第三款由列支敦士登法律公报 2016 年第 14 号修改。

⑥ 第二百七十八 c 条的标题由列支敦士登法律公报 2003 年第 236 号增加。

⑦ 第二百七十八 c 条第一款的引导句由列支敦士登法律公报 2003 年第 236 号修改。

国家或国际组织的基本政治、宪法、经济或社会结构[①]：

（一）谋杀（第七十五条）；[②]

（二）第八十四条至第八十七条规定的身体伤害；[③]

（三）勒索性绑架（第一百零二条）；[④]

（四）加重的胁迫（第一百零六条）；[⑤]

（五）第一百零七条第二款定义的危险性威胁；[⑥]

（六）严重损害财产（第一百二十六条）、破坏数据（第一百二十六 a 条）和干扰计算机系统运行（第一百二十六 b 条），如果这可能导致危及他人的生命或大量的他人财产，或者如果大量计算机系统（第一百二十六 a 条第三款、第一百二十六 b 条第三款）或关键基础设施的基本部分（第一百二十六 a 条第四款第二项、第一百二十六 b 条第四款第二项）受到损害；[⑦]

（七）故意危害公共安全的犯罪（第一百六十九条，第一百七十一条、第一百七十三条、第一百七十五条、第一百七十六条、第一百七十七 a 条、第一百七十七 b 条和第一百七十八条以及《战争物资法》第三十四条）或故意干扰环境（第一百八十条）；[⑧]

（八）劫持航空器（第一百八十五条）；[⑨]

（九）故意危害航空安全（第一百八十六条）；[⑩]

（九 a）煽动和支持恐怖主义犯罪（第二百八十二 a 条）；或者[⑪]

---

① 第二百七十八 c 条第一款末句由列支敦士登法律公报 2003 年第 236 号增加。

② 第二百七十八 c 条第一款第一项由列支敦士登法律公报 2003 年第 236 号增加。

③ 第二百七十八 c 条第一款第二项由列支敦士登法律公报 2003 年第 236 号增加。

④ 第二百七十八 c 条第一款第三项由列支敦士登法律公报 2003 年第 236 号增加。

⑤ 第二百七十八 c 条第一款第四项由列支敦士登法律公报 2003 年第 236 号增加。

⑥ 第二百七十八 c 条第一款第五项由列支敦士登法律公报 2003 年第 236 号增加。

⑦ 第二百七十八 c 条第一款第六项由列支敦士登法律公报 2019 年第 158 号修改。

⑧ 第二百七十八 c 条第一款第七项由列支敦士登法律公报 2019 年第 124 号修改。

⑨ 第二百七十八 c 条第一款第八项由列支敦士登法律公报 2003 年第 236 号增加。

⑩ 第二百七十八 c 条第一款第九项由列支敦士登法律公报 2016 年第 14 号修改。

⑪ 第二百七十八 c 条第一款第九 a 项由列支敦士登法律公报 2016 年第 14 号增加。

（十）根据《武器法》第六十条予以处罚的行为。[1]

二、任何人实施第一款中的恐怖主义犯罪行为的，应根据该行为对应的法律条款予以处罚，但该行为的最高刑罚应增加一半，最多不超过二十年。[2]

三、如果该行为旨在建立或重建民主和法治，或者旨在行使或保护人权，则不应将其视为恐怖主义犯罪。[3]

第二百七十八 d 条　资助恐怖主义[4]

一、任何人提供或收集资产，意图将其用于（即使只是部分用于）下列罪行的，[5]应处一年以上十年以下监禁：

（一）实施下列行为：

1. 劫持航空器（第一百八十五条）或故意危害航空安全（第一百八十六条）；

2. 勒索性绑架（第一百零二条）或此类威胁；

3. 对受国际法保护的人员的生命、身体或自由的攻击，或暴力袭击此类人员的私人住所、办公场所或交通工具，且此类袭击可能危及其生命、身体或自由，或者威胁实施任何此类袭击；

4. 故意通过核能或电离辐射造成危害（第一百七十一条），此类威胁，未经授权处理核材料或放射性物质（第一百七十七 b 条），获取核材料或放射性物质的其他犯罪行为，或威胁盗窃或抢劫核材料或放射性物质以强迫他人作为、默许或不作为；[6]

5. 在为国际民用航空服务的机场对他人的生命或身体进行重大袭击，对该机场或位于该机场的飞机造成破坏或重大损坏，或对该机场的服务造成破坏（如果该行为是使用武器或其他装置实施的）并且能够危及机场的安全；

---

① 第二百七十八 c 条第一款第十项由列支敦士登法律公报 2008 年第 277 号修改。

② 第二百七十八 c 条第二款由列支敦士登法律公报 2003 年第 236 号增加。

③ 第二百七十八 c 条第三款由列支敦士登法律公报 2003 年第 236 号增加。

④ 第二百七十八 d 条的标题列支敦士登法律公报 2003 年第 236 号增加。

⑤ 第二百七十八 d 条第一款由列支敦士登法律公报 2016 年第 161 号修改。

⑥ 第二百七十八 d 条第一款第一项第四目由列支敦士登法律公报 2019 年第 124 号修改。

6. 以第一百八十五条或第一百八十六条所述的方式，针对船舶或固定平台、船舶或固定平台上的人员、船舶货物或海上导航设施实施的犯罪；

7. 将爆炸物或其他致命装置运输到公共使用场所、国家或公共设施、公共运输系统或基础设施，或者使用此类手段以造成他人死亡或严重身体伤害，或对场所、设施或系统进行大规模破坏，如果这种破坏能够造成特别重大的经济损失；

8. 意图对平民或未积极参与武装冲突敌对行动的任何其他人造成死亡或严重身体伤害的行为，如果该行为的目的，从其性质或背景来看，是恐吓人民或胁迫政府或国际组织采取作为或不作为；

9. 第二百七十八 c 条第一款规定的任何其他犯罪，第二百七十八 e 条、第二百七十八 f 条或第二百七十八 g 条规定的犯罪，或为实施第二百七十八 c 条第一款第一项至第九项或第十项规定的恐怖主义犯罪而招募他人。或者[①]

（二）个人或组织（第二百七十八 b 条第三款）实施第一项所述行为或作为成员参与此类组织（第二百七十八 b 条第二款）。

二、如果其他条款规定了更严厉的刑罚，则对行为人不应根据第一款予以处罚。[②]

第二百七十八 e 条[③]　为恐怖主义目的而培训

一、任何人指导他人制造或使用爆炸物、枪支或其他武器或有毒有害物质，或使用其他同样有毒有害的方法，特别是能够实施第二百七十八 c 条第一款第一项至第九项或第十项规定的恐怖主义犯罪或在实施此类恐怖主义犯罪的过程中，如果该人知道通过指示获得的技能将用于此目的，则应处一年以上十年以下监禁。

二、任何人寻求制造或使用爆炸物、枪支或其他武器或有毒有害物质的指导，或其他同样有毒有害方法的指导，特别是能够实施第二百七十八 c 条第一

---

① 第二百七十八 d 条第一款第一项第九目由列支敦士登法律公报 2019 年第 158 号增加。

② 第二百七十八 d 条第二款由列支敦士登法律公报 2003 年第 236 号增加。

③ 第二百七十八 e 条由列支敦士登法律公报 2016 年第 14 号增加。

款第一项至第九项或第十项所述的恐怖主义犯罪或在利用所掌握技能实施此类恐怖主义犯罪的过程中的指导，应处六个月以上五年以下监禁。但是，刑罚的类型和程度不得比法律对目的行为所规定的处罚更严厉。

第二百七十八 f 条[1]　关于实施恐怖主义犯罪的指导

一、任何人以第二百七十八 e 条中所述的任何手段，向他人提供或使他人可获得其内容旨在对实施恐怖主义犯罪（第二百七十八 c 条第一款第一项至第九项或第十项）予以指导的媒体产品，或任何人以煽动实施恐怖主义犯罪的方式在互联网上提供或使他人可获得此类信息的，应处二年以下监禁。

二、任何人为实施恐怖主义犯罪（第二百七十八 c 条第一款第一项至第九项或第十项）而在互联网上获取第一款所述的媒体产品或此类信息的，也应受到同样的处罚。

第二百七十八 g 条[2]　为恐怖主义目的而旅行

任何人为实施第二百七十八 b 条、第二百七十八 c 条、第二百七十八 e 条或第二百七十八 f 条所规定的犯罪而前往另一国家的，应处六个月以上五年以下监禁。但是，刑罚的类型和程度不得比法律对其目的行为所规定的处罚更严厉。

第二百七十九条　武装团体

一、任何人未经授权，建立一个武装团体或一个打算武装的团体或武装一个现有团体，并以领导者身份活跃在该团体中，为该团体招募或征募成员，或对其进行军事训练或其他战斗训练，为该团体配备武器、交通工具或通信设备，或者以金钱或任何其他重要方式支持该团体的，应处三年以下监禁。

二、任何人在当局（第一百五十一条第三款）得知其罪行之前，自愿向当局披露了其所了解的关于该团体及其计划的任何信息，而这些信息在当时仍属于秘密的，则不应根据第一款对该行为人予以处罚。

---

① 第二百七十八 f 条由列支敦士登法律公报 2016 年第 14 号增加。

② 第二百七十八 g 条由列支敦士登法律公报 2019 年第 158 号增加。

第二百八十条[①] 囤积武器

一、任何人挪用、占有或为他人获取兵器、弹药或其他武器，以便为更多人提供战斗装备的，应处三年以下监禁。

二、任何人在当局（第一百五十一条第三款）得知其罪行之前，自愿使武器永久性无法使用、将武器移交给当局或者使当局能够找到该武器的，则不应根据第一款对该行为予以处罚。

第二百八十一条 煽动违法

任何人以印刷品、广播、电视或任何其他方式煽动公众普遍不遵守法律的，应处一年以下监禁。

第二百八十二条 煽动实施应受惩罚行为和公开支持应受惩罚行为

一、任何人在印刷品中，在广播、电视上，或以公众可获得的任何其他方式，煽动实施应受惩罚的行为，如果该人作为该行为的参与者（第十二条）未受到更严厉的处罚的，则对其应处二年以下监禁。

二、任何人以第一款所述的方式，以能够震撼一般正义感或煽动实施此类行为的方式，对蓄意实施的应处一年以上监禁刑的行为表示支持的，应受到同样的处罚。

第二百八十二 a 条[②] 煽动和支持恐怖主义罪行

一、任何人在印刷品中，在广播、电视上，或在任何其他类型的媒体或其他公共场合中，以一种让很多人可触及的方式煽动实施恐怖主义犯罪（第二百七十八c条第一款第一项至第九项或第十项），如果该人作为该行为的参与者（第十二条）未受到更严厉的处罚的，对其应处二年以下监禁。

二、任何人如果以第一款所述的方式，支持恐怖主义犯罪（第二百七十八条第一款第一项至第九项或第十项），足以导致发生一项或多项此类犯罪的风险的，应受到同样的处罚。

---

① 第二百八十条由列支敦士登法律公报 2013 年第 73 号修改。

② 第二百八十二 a 条由列支敦士登法律公报 2016 年第 14 号增加。

第二百八十三条[①] 歧视[②]

一、任何人实施下列行为的，应处二年以下监禁：

（一）公开煽动基于种族、语言、国籍、民族、宗教或意识形态、性别、残疾、年龄或性取向的对他人或任何群体的仇恨或歧视；[③]

（二）公开传播以种族、语言、国籍、民族、宗教或意识形态、性别、残疾、年龄或性取向为由，蓄意诋毁或诽谤他人的意识形态；[④]

（三）出于同样的目的，组织、鼓励或参与宣传活动；

（四）以种族、语言、国籍、民族、宗教或意识形态、性别、残疾、年龄或性取向为由，通过使用电子媒体传输的符号、手势、侵略行为或其他方式，以侵犯人类尊严的方式公开诋毁或歧视他人或某个群体，无论是口头、书面或是以图片的方式；[⑤]

（五）通过使用电子媒体传递的符号、手势、侵略行为或其他方式，公开否认、粗暴贬低或寻求种族灭绝或其他危害人类罪的正当理由，无论是口头、书面或是以图片的方式；

（六）以种族、语言、国籍、民族、宗教或意识形态、性别、残疾、年龄或性取向为由，拒绝向他人或某个群体提供旨在向公众提供的服务；[⑥]

（七）以成员身份参加一个团体，其活动包括促进或煽动本条款所指的歧视。[⑦]

二、对于歧视性（第一款）的书面材料、音频或视频记录、电子媒体传输的符号、图像或其他此类物品，任何人实施下列行为的，应受到同样的处罚[⑧]：

（一）为传播目的生产、进口、储存或流通；

---

① 第二百八十三条由列支敦士登法律公报2000年第36号修改。

② 第二百八十三条的标题由列支敦士登法律公报2016年第14号修改。

③ 第二百八十三条第一款第一项由列支敦士登法律公报2016年第14号修改。

④ 第二百八十三条第一款第二项由列支敦士登法律公报2016年第14号修改。

⑤ 第二百八十三条第一款第四项由列支敦士登法律公报2016年第14号修改。

⑥ 第二百八十三条第一款第六项由列支敦士登法律公报2016年第14号修改。

⑦ 第二百八十三条第一款第七项由列支敦士登法律公报2016年第14号修改。

⑧ 第二百八十三条第二款的引导句由列支敦士登法律公报2016年第14号修改。

（二）公开宣传、展示、提供或展示。

三、如果艺术或科学、研究或教学的宣传或行为是为了正确报道时事或历史事件或具有类似目的，则第一款和第二款不适用。

第二百八十四条[①]　**破坏集会**

任何人通过武力或武力威胁阻止或破坏未被禁止的集会、游行或类似集会的，应处一年以下监禁或七百二十日以下罚金。

第二百八十五条　阻止集会或扰乱集会

任何人通过实施下列行为，阻止或严重扰乱未被禁止的集会的，应处六个月以下监禁或三百六十日以下罚金：

（一）使集会房间无法进入；

（二）阻止有资格参加集会的人进入集会，或阻碍进入集会，或通过严重骚扰而阻碍或导致其无法参加集会；

（三）未经授权进入集会；或者

（四）驱赶被任命主持集会或维持秩序的人，或以身体抵抗该被任命人关于集会程序的命令。

第二百八十六条　未阻止应受惩罚的行为

一、任何人，为了故意使应受惩罚的行为得以实施，而不阻止即将或已经开始实施的应受惩罚行为，或在向当局（第一百五十一条第三款）报告信息可能预防该行为发生的情况下，不向当局报告，亦未告知被威胁者，如果应受惩罚的行为至少未遂并且该行为应处一年以上监禁的，对行为人应处二年以下监禁。但是，刑罚的类型和程度不得比法律对未被阻止的行为规定的刑罚更严厉。

二、下列情况下，行为人不应根据第一款受到处罚：

（一）行为人不可能在不使自己或亲属面临重大损害的风险的情况下轻易地阻止或报告信息；

（二）行为人完全是通过以牧师身份获得的信息而得知应受惩罚的行为；或者

---

① 第二百八十四条由列支敦士登法律公报 2019 年第 124 号修改。

（三）阻止或报告信息将导致行为人违反任何其他法律承认的保密义务，而违反该义务的后果比不阻止行为或报告信息的消极后果更严重。

第二百八十七条　在完全醉酒状态下实施应受惩罚的行为

一、任何人，即使是疏忽，通过饮酒或使用任何其他含有酒精的物质，使自己处于无责任能力的醉酒状态，如果该人在这种醉酒状态下实施了应受惩罚的行为（除这种状态外，该行为作为重罪或轻罪应归咎于该人）的，应处三年以下监禁。但是，刑罚的类型和程度不得比法律对醉酒状态下实施的行为规定的刑罚更严厉。[①]

二、如果在醉酒状态下实施的应受惩罚的行为也只能在要求、申请或授权的情况下被起诉，则只能在有要求、申请或授权的情况下对行为人起诉。

---

① 第二百八十七条第一款由列支敦士登法律公报2019年第124号修改。

第二十一章　妨害司法的犯罪

第二百八十八条　法庭上作虚假证词

一、任何人作为证人(除非该人同时是一方当事人)或作为提供信息的人,在正式询问期间在法庭上提供虚假证词,或作为专家提供虚假研究结果或虚假意见的,应处三年以下监禁。

二、任何人在宣誓后在法庭上作伪证(第一款),或通过宣誓确认伪证,或在法庭上就法律规定的宣誓作伪证的,应处六个月以上五年以下监禁。早前的誓言的提及应被视为等同于誓言,而对获得豁免宣誓的人而言,代替誓言而规定的非宗教式誓言,应被视为等同于誓言。

三、任何人作为证人或专家,在国家警察根据《刑事诉讼法典》进行的诉讼中实施了上述任何行为的,应根据第一款规定受到同样的处罚。①

第二百八十九条② 在行政当局面前作虚假证词

一、任何人在行政当局面前作为证人,在正式询问期间提供虚假证词,或在行政当局面前作为专家,提供虚假研究结果或虚假意见的,应处一年以下监禁或七百二十日以下罚金。

第二百九十条　出于必要的伪证

一、任何人为了避免自己或亲属受到耻辱、被刑事起诉的风险或者直接且重大的经济损失而提供虚假证词(第二百八十八条、第二百八十九条)的,如果该人被免除作证义务或本可被免除作证义务,并且该人具有下列情形的,其不

---

① 第二百八十八条第三款由列支敦士登法律公报 2012 年第 267 号增加。

② 第二百八十九条由列支敦士登法律公报 2019 年第 124 号修改。

应受到处罚：

（一）不知道情况确实如此；

（二）未披露豁免作证的原因，以避免仅因披露而可能产生的上述后果；或者

（三）被错误地命令作证。

二、即使婚姻、注册伴侣关系或事实上的终身伴侣关系已不复存在，因婚姻或注册伴侣关系而产生的亲属身份也仍继续存在。[①]

三、然而，尽管如此，如果可以期待行为人提供真实的证词，特别是鉴于虚假证词对他人造成的任何损害，即使符合第一款规定的要求，行为人也应受到处罚。

第二百九十一条　主动悔罪

如果行为人在询问结束前纠正了虚假陈述的，则不应因实施了第二百八十八条或第二百八十九条规定的行为而受到处罚。

第二百九十二条　导致虚假证词

一、任何人因在事实上进行欺骗而导致他人在法庭上善意地提供虚假证词（第二百八十八条）的，应处三年以下监禁。

二、任何人以第一款所述方式，导致他人在行政当局面前（第二百八十九条）善意地提供虚假证词的，应处一年以下监禁或七百二十日以下罚金。[②]

第二百九十二 a 条[③]　虚假的资产清单

任何人在法院或执达官（《执行法》第二十九条或《破产法》第五十九条）面前签署虚假或不完整的资产清单，并因此使债权人的债权清偿面临风险的，应处六个月以下监禁或三百六十日以下罚金。

第二百九十二 b 条[④]　主动悔罪

任何人如果在当局（第一百五十一条第三款）得知其罪行之前，自愿纠正

---

① 第二百九十条第二款由列支敦士登法律公报 2011 年第 379 号修改。

② 第二百九十二条第二款由列支敦士登法律公报 2019 年第 124 号修改。

③ 第二百九十二 a 条由列支敦士登法律公报 2020 年第 390 号修改。

④ 第二百九十二 b 条由列支敦士登法律公报 2018 年第 475 号增加。

虚假信息或将不完整信息填写完整的,除非债权人的清偿已受到阻碍或减损,该行为人不应因虚假的资产清单(第二百九十二 a 条)受到处罚。

第二百九十二 c 条[①] 公开拍卖执行中未经授权串通投标

一、任何人要求、同意或接受为自己或第三方提供利益的承诺,以换取其承诺在执行程序中不以其他投标人的身份出现在公开拍卖中,或仅以一定金额或其他方式根据既定标准出价,或根本不出价的,应处二年以下监禁。

二、任何人在未经其他投标人索要的情况下,向其本人或第三方提供、承诺或授予利益,以换取第一款所述的承诺的,应受到同样的处罚。

第二百九十三条[②] 伪造证据

一、任何人制造虚假证据或对真实证据予以伪造,意图将该证据用于司法诉讼或行政程序,或国家警察根据《刑事诉讼法典》进行的诉讼程序的,应处一年以下监禁或七百二十日以下罚金,除非该行为根据第二百二十三条、第二百二十四条、第二百二十五条或第二百三十条规定应受到处罚。[③]

二、任何人在司法诉讼或行政程序或者国家警察根据《刑事诉讼法典》进行的诉讼程序中使用虚假或伪造的证据的,应受到同样的处罚。

第二百九十四条 主动悔罪

一、任何人在诉讼中自愿避免使用或阻止使用虚假或伪造的证据,或者在证据被用于诉讼之前消除了对可能误导他人的证据的变更的,则该人不得因伪造证据(第二百九十三条)而受到处罚。

二、如果不存在任何使用此类证据的风险,或者此种风险在行为人没有任何参与的情况下已经消除,而行为人在不知情的情况下自愿并认真努力消除此类风险的,不应对行为人予以处罚。

第二百九十五条[④] 隐瞒证据

根据《刑事诉讼法典》,任何人销毁、损坏或隐瞒任何拟用于司法或行政程

① 第二百九十二 c 条由列支敦士登法律公报 2019 年第 124 号增加。

② 第二百九十三条由列支敦士登法律公报 2012 年第 267 号修改。

③ 第二百九十三条第一款由列支敦士登法律公报 2019 年第 124 号修改。

④ 第二百九十五条由列支敦士登法律公报 2019 年第 124 号修改。

序或初步调查程序的证据，而该证据不是由该人支配或不是由该人单独支配，并且行为人此举是为了阻止该证据在程序中的使用的，则对行为人应处一年以下监禁或七百二十日以下罚金，除非该行为可根据第二百二十九条或第二百三十条受到处罚。

第二百九十六条[①]　主动悔罪

任何人自愿向法院、行政当局或国家警察提交证据(《刑事诉讼法典》第九条)，且在当时该证据对做出决定或下达命令仍具有意义的，则该人不应因隐瞒证据(第二百九十五条)受到处罚。

第二百九十七条　虚假怀疑

一、任何人如果错误地怀疑他人实施了应受惩罚和被起诉的行为或者违反公务或职业责任，从而使他人面临被官方起诉的风险，如果行为人明知(第五条第三款)该怀疑是假的，则应对其处一年以下监禁或七百二十日以下罚金。但是，如果被虚假指控的行为可被判处一年以上监禁，则对行为人应处六个月以上五年以下监禁。[②]

二、行为人在当局采取任何措施起诉嫌疑人之前，自愿消除被当局起诉的风险的，不应根据第一款受到处罚。

第二百九十八条　误导当局或官员有应受惩罚的行为

一、任何人故意误导当局(第一百五十一条第三款)或有权接受刑事投诉的官员发生了应受惩罚的行为的，应处六个月以下监禁或三百六十日以下罚金，除非该人的行为可根据第二百九十七条第一款受到处罚。

二、行为人自愿地使该行为不会导致当局进行任何调查的，则不应根据第一款对其进行处罚。

第二百九十九条　协助犯罪人

一、任何人完全或部分故意地协助实施了应受惩罚行为的他人逃避起诉或执行刑罚或预防措施的，应处二年以下监禁或三百六十日以下罚金。

---

① 第二百九十六条由列支敦士登法律公报2012年第267号修改。

② 第二百九十七条第一款由列支敦士登法律公报2019年第124号修改。

二、任何人诱使他人协助自己的,不应按照第一款予以处罚。

三、此外,如果行为人的行为是为了协助亲属,或是为了防止其自己因参与被协助者的犯罪(被协助者因该犯罪被起诉或将被执行刑罚或预防措施)而受到惩罚或被采取预防措施,则不得根据第一款对该人进行处罚。

四、任何人为避免其本人或亲属遭受耻辱、被刑事起诉的风险或者直接重大的经济损失,而实施了第一款规定的应受惩罚的行为,如果该行为导致的意图避免的后果比该行为导致或可能导致的负面后果更严重的,行为人不应受到处罚,还应考虑被协助者的危险性以及被协助者所实施或被定罪的行为的严重性。

第三百条　释放监狱囚犯

一、任何人释放因法院或行政当局的决定或命令而被羁押的囚犯,或者诱使或协助囚犯逃跑的,应处二年以下监禁,除非行为人可根据第一百九十五条或第二百九十九条受到处罚。①

二、囚犯诱使他人释放囚犯或协助囚犯逃跑的,不得按照第一款处罚。

第三百零一条　非法出版

一、任何人违反法律的禁止性规定,在印刷品、广播、电视或其他媒体上发布有关法院或行政当局程序内容的信息,或以任何方式向公众提供此类信息的,应处六个月以下监禁或三百六十日以下罚金。

二、任何人以第一款规定的方式发布关于法院或行政当局程序中的审议情况、任何相关投票或投票结果的信息的,应受到同样的处罚。任何人违反法院或行政当局根据法律规定在此类程序中要求的保密义务的,应受到同样的处罚。

---

① 第三百条第一款由列支敦士登法律公报 2019 年第 124 号修改。

第二十二章　可罚的违反公务行为、腐败以及相关犯罪[1]

第三百零二条　滥用官方权力

一、任何官员为了损害他人的权利，在以国家、市政协会、市政当局或公共法律规定的其他人的名义执行法律的过程中，故意滥用其权力，执行公法规定的公务的，应处六个月以上五年以下监禁。

二、任何人在与外国或超国家机构或政府间机构执行公务时实施该行为的，应处一年以上十年以下监禁。

第三百零三条[2]　疏忽侵犯人身自由或家庭豁免权

官员严重疏忽（第六条第三款），通过非法干涉或剥夺他人的人身自由或非法搜查他人的住宅，从而损害他人的权利的，应处三个月以下监禁或一百八十日以下罚金。

第三百零四条[3]　被动贿赂

一、任何公职人员或仲裁员如果要求、同意或接受为自己或第三方提供利益的承诺，以换取其违反职责执行公务或者不执行公务的，应处三年以下监禁。任何人如作为法院或其他当局就特定诉讼任命的专家，要求、同意或接受为自己或第三方提供利益的承诺，以换取其提供虚假研究结果或虚假意见的，应受到同样的处罚。

---

① 第三百零二条之前的标题由列支敦士登法律公报 2016 年第 161 号修改。

② 第三百零三条由列支敦士登法律公报 2019 年第 124 号修改。

③ 第三百零四条由列支敦士登法律公报 2016 年第 161 号修改。

二、任何人实施的行为涉及的利益价值超过五千法郎的，应处六个月以上五年以下监禁。任何人实施的行为涉及的利益价值超过七万五千法郎的，应处一年以上十年以下监禁。

第三百零五条[1] 接受利益

一、公职人员或仲裁员要求为自己或第三方提供利益，同意或接受不正当利益的承诺（第三款），以换取执行或不执行与其职责相符的公务的，应处二年以下监禁。

二、任何人实施的行为涉及的利益价值超过五千法郎的，应处三年以下监禁。任何人实施的行为涉及的利益价值超过七万五千法郎的，应处六个月以上五年以下监禁。

三、下列情形不应被视为不正当利益：

（一）法律允许接受的福利，或作为有官方或客观上有正当利益参与的活动的一部分而提供的利益；

（二）为了共同利益目的的利益，如果公职人员或仲裁员对其使用没有决定性影响；以及

（三）如果没有任何规定允许接受第一项所定义的福利，价值不大的当地或习惯性礼遇，除非该行为是基于商业目的实施的。

第三百零六条[2] 以影响为目的接受利益

一、除第三百零四条和第三百零五条规定的情况外，公职人员或仲裁员要求为自己或第三方提供利益，同意或接受不正当利益的承诺（第三百零五条第三款），并意图影响其作为公职人员的职责的，应处二年以下监禁。

二、任何人实施的行为涉及的利益价值超过五千法郎的，应处三年以下监禁。任何人实施的行为涉及的利益价值超过七万五千法郎的，应处六个月以上五年以下监禁。

三、任何人同意或接受仅提供少量利益的承诺的，不应根据第一款受到处

---

① 第三百零五条由列支敦士登法律公报 2016 年第 161 号修改。

② 第三百零六条由列支敦士登法律公报 2016 年第 161 号修改。

罚,除非该行为是出于商业目的实施的。

第三百零六 a 条[①] **已废止**

第三百零七条[②] **主动贿赂**

一、任何人向公职人员或仲裁员给予、承诺或提供利益,以换取其违反职责履行或不履行公务的,应处三年以下监禁。任何人向专家或第三方给予、承诺或提供利益(第三百零四条第一款),以换取其提供虚假研究结果或虚假意见的,应受到同样的处罚。

二、任何人实施的行为涉及的利益价值超过五千法郎的,应处六个月以上五年以下监禁。任何人实施的行为涉及的利益价值超过七万五千法郎的,应处一年以上十年以下监禁。

第三百零七 a 条[③] **提供利益**

一、任何人向官员或仲裁员给予、承诺或提供不正当利益(第三百零五条第三款),以换取该官员、仲裁员或第三方执行或不执行与其职责相符的公务的,应处二年以下监禁。

二、任何人实施的行为涉及的利益价值超过五千法郎的,应处三年以下监禁。任何人实施的行为涉及的利益价值超过七万五千法郎的,应处六个月以上五年以下监禁。

第三百零七 b 条[④] **以实施影响为目的的提供利益**

一、除第三百零七条和第三百零七 a 条规定的情况外,任何人向公职人员或仲裁员给予、承诺或提供不正当利益(第三百零五条第三款)给该官员、仲裁员或第三方,并意图影响其作为公职人员的活动的,应处二年以下监禁。

二、任何人实施的行为涉及的利益价值超过五千法郎的,应处二年以下监禁。任何人实施的行为涉及的利益价值超过七万五千法郎的,应处六个月以上五年以下监禁。

---

① 第三百零六 a 条由列支敦士登法律公报 2016 年第 161 号废止。

② 第三百零七条由列支敦士登法律公报 2016 年第 161 号修改。

③ 第三百零七 a 条由列支敦士登法律公报 2016 年第 161 号增加。

④ 第三百零七 b 条由列支敦士登法律公报 2016 年第 161 号增加。

第三百零八条[①] 被禁止的干预

一、任何人要求、同意或接受为自己或第三方提供利益的承诺,作为对公职人员或仲裁员的决策施加不当影响的回报的,应处二年以下监禁。

二、任何人向他人给予、许诺或提供利益,以使该他人对公职人员或仲裁员的决策施加不当影响的,应受到同样的处罚。

三、任何人实施的行为涉及的利益价值超过五千法郎的,应处三年以下监禁。任何人实施的行为涉及的利益价值超过七万五千法郎的,应处六个月以上五年以下监禁。

四、如果对官员或仲裁员的决策施加影响的目的是使其违反职责履行或不履行公务,或者与向官员或仲裁员或向第三方给予、承诺或提供的不正当利益(第三百零五条第三款)有关的,则对官员或仲裁员的决策施加的影响即属于不正当的。

五、如果行为根据其他规定应受到更严厉的处罚,则不应根据前几款对其进行处罚。

第三百零九条[②] 商业交易中的被动贿赂和主动贿赂

一、企业的任何雇员或代理人在商业交易中,要求、同意或接受他人给自己或第三方提供利益的承诺,作为对其违反职责的任何法律行为的作为或不作为的回报的,应处二年以下监禁。

二、任何人在商业活动中为企业的雇员或代理人或第三方给予、承诺或提供利益,作为对其违反职责的任何法律行为的作为或不作为的回报的,应受到同样的处罚。

三、任何人实施的行为涉及的利益价值超过五千法郎的,应处三年以下监禁。任何人实施的行为涉及的利益价值超过七万五千法郎的,应处六个月以上五年以下监禁。

---

① 第三百零八条由列支敦士登法律公报 2016 年第 161 号修改。

② 第三百零九条由列支敦士登法律公报 2016 年第 161 号修改。

第三百一十条　违反保守官方机密的义务

一、任何官员或前官员披露或利用其仅因职务而获得的秘密，并且其披露或利用该秘密可能侵犯公共利益或合法的私人利益的，应处三年以下监禁，除非该行为根据其他规定可受到更严厉的处罚。

二、如果行为人披露了涉及对《宪法》构成威胁的事实的官方秘密（第二百五十二条第三款），则只有当行为人的行为目的是侵犯个人利益或对列支敦士登公国造成不利影响时，才应根据第一款对行为人予以处罚。对于构成宪法威胁的事实的错误假设不应免除对行为人的处罚。

第三百一十一条　公务中的虚假验证和认证

官员在官方授权发布的公文中对某项权利、法律关系或事实进行虚假认证，或在物品上虚假地附上官方授权的公共认证标志，意图将该文件用于法律交易以证明该项权利、法律关系或事实，或将该物品用于法律交易的，应处三年以下监禁，除非该行为根据第三百零二条应受到处罚。

第三百一十二条　对囚犯施加痛苦或忽视

一、官员对受其控制或其有权接触的囚犯或其他根据官方命令被羁押的人施加身体或心理上的痛苦的，应处二年以下监禁。

二、任何官员严重忽视其对此类人员的照顾或监护义务，从而对此类人员的健康或身心发展造成严重损害的，即使只是疏忽，也应受到同样的处罚。

三、该行为导致严重的身体伤害（第八十四条第一款），应对行为人处三年以下监禁。该行为导致身体伤害并造成严重的持久性后果（第八十五条）的，应对行为人处五年以下监禁；该行为导致被害人死亡的，应对行为人处一年以上十年以下监禁。

第三百一十二 a 条[①]　酷刑

一、根据第七十四条第一款第四 a 项第一目或第二目的规定，任何人以公职人员的身份，在任何此类公职人员的唆使下，或在任何此类公职人员的明示或默许下，给他人施加严重的身体或心理痛苦或折磨，特别是为了从该他人或

---

① 第三百一十二 a 条由列支敦士登法律公报 2019 年第 124 号增加。

第三方获得证词或供词,惩罚该他人实际或据称由该他人或第三方实施的行为,恐吓或胁迫该他人或第三方,或者出于歧视性原因而这样做的,应处一年以上十年以下监禁。

二、但是,如果该行为导致身体伤害并造成严重的持久性后果(第八十五条),则对行为人应处五年以上十五年以下监禁。如果该行为造成受伤人员死亡,则应处十年以上二十年以下监禁或终身监禁。

三、在政府机构不存在或不再运作的情况下,本条中所指的公职人员也应是实际担任公职的任何人。

第三百一十二 b 条[①] 使人失踪

任何人根据国家或政治组织的命令或经其批准,绑架他人或以任何其他方式剥夺该人的人身自由并隐瞒失踪者的命运或下落的,应处一年以上十年以下监禁。

第三百一十三条 利用公职便利实施犯罪

如果一名官员在利用其公职所提供的机会时实施了会受到惩罚的故意行为,则对其判处的监禁刑或罚金刑最高可超过规定刑罚的一半。但是,有期监禁的时间不得超过二十年。

---

① 第三百一十二 b 条由列支敦士登法律公报 2019 年第 124 号增加。

第二十三章　篡夺公职和以欺骗手段取得公职

第三百一十四条　篡夺公职

任何人篡夺公职或者未经授权实施仅凭公职才能实施的行为的，应处六个月以下监禁或三百六十日以下罚金。

第三百一十五条[①]**　以欺骗手段获得公职**

任何人就法律或法规禁止调转某特定公职的事实故意欺骗有权调转公职的机构，从而使该公职被调转给其本人的，应处一年以下监禁或七百二十日以下罚金。

① 第三百一十五条由列支敦士登法律公报 2019 年第 124 号修改。

第二十四章　破坏与外国的关系

第三百一十六条　对外国的叛国性攻击

一、任何人以武力或武力威胁在列支敦士登着手进行(第二百四十二条第二款)改变外国宪法或者分裂外国领土的活动的,应处六个月以上五年以下监禁。

二、应比照适用第二百四十三条。

第三百一十七条　诋毁外国的象征

任何人对外国的国旗或国徽,或由国内当局设立的政府间机构,或者外国代表处,或者根据国际法一般规则或政府间条约设立的政府间机构的旗帜或徽章,或者在公共活动中演奏外国国歌时,以为公众所知的方式恶意侮辱、表示蔑视的,应处六个月以下监禁或三百六十日以下罚金。

第三百一十八条　处罚条件

一、在第三百一十六条和第三百一十七条所述情况下,只有在政府提出申请后,才能起诉行为人。

二、行为人实施第三百一十七条规定的针对政府间机构的应受惩罚的行为的,只有当列支敦士登公国是该机构的成员时,行为人才会受到处罚。

第三百一十九条　外国军事情报机构

任何人在列支敦士登为外国或为超国家机构或政府间机构建立或运营军事情报机构,或者以任何方式支持此类情报机构的,应处二年以下监禁。

第三百二十条　支持外国武装冲突中的一方

任何人在列支敦士登,在列支敦士登公国未参与的战争或武装冲突期间,或者面对此类战争或冲突迫在眉睫的风险，故意为其中一方实施下列行为的，应处二年以下监禁：

（一）装备或武装一方的军事编队或船只、陆地车辆或飞机，以参加战争活动；

（二）为此目的或为其中一方的军事服务而建立或维持志愿军或征兵办公室；

（三）违反现行规定从列支敦士登出口或过境任何武器；

（四）为军事目的提供财政贷款或安排公共募捐；或者

（五）为此目的传输军事情报或者建立或使用通信系统。[①]

① 第三百二十条第五项由列支敦士登法律公报2006年第94号修改。

第二十五章　种族灭绝、危害人类罪与战争罪

第三百二十一条　种族灭绝

一、任何人为了全部或部分地摧毁某个教会或宗教团体、种族、民族、部落或国民群体，杀害该群体的成员，对其造成严重的身体伤害（第八十四条第一款）或心理伤害，使该群体处于能够导致该群体全部或部分成员死亡的生活条件下，实施旨在防止该群体内生育的措施，或者以武力或武力威胁将该群体的儿童转移到其他群体的，应处终身监禁。

二、任何人与他人合谋共同实施第一款所列任何行为的，应处一年以上十年以下监禁。

第三百二十一a条[①]　危害人类罪

一、作为针对平民的大规模或系统性袭击的一部分，实施下列行为的，应处终身监禁：

（一）杀害他人（第七十五条）；或者

（二）为了全部或部分摧毁一个种群，使该种群或其部分处于能够导致其全部或部分毁灭的生活条件下。

二、作为第一款所述攻击的一部分，任何人实施奴隶制（第一百零四条）的，应处十年以上二十年以下监禁或终身监禁。但如果该行为导致他人死亡，则应处终身监禁。

---

① 第三百二十一a条由列支敦士登法律公报2019年第124号增加。

三、作为第一款所述攻击的一部分，任何人实施下列行为的，应处五年以上十五年以下监禁。但如果该行为导致一人死亡，则应处十年以上二十年以下监禁或终身监禁：

（一）从事人口贩运（第一百零四a条）；

（二）违反国际法，将人口从其合法居住的地区驱逐或强行转移到另一地区；

（三）对被其羁押或以其他方式控制的人造成严重的身体或精神的痛苦或折磨，而此类痛苦或折磨并非仅由法律制裁引起，也不仅仅是法律制裁固有的或附带的；

（四）强奸（第二百条）或性侵犯（第二百零一条）他人、胁迫他人卖淫（第一百零六条第一款第三项）、剥夺他人生育能力（第八十五条第一款）或以影响人口的种族构成或实施其他严重违反国际法的行为为目的，将因使用武力怀孕的女性予以禁闭；或者

（五）使某人失踪（第三百一十二b条）。

四、作为第一款所述攻击的一部分，任何人实施下列行为的，应处一年以上十年以下监禁；但如果该行为导致一人死亡，或者该行为的目的是维持一个种族群体对另一种族群体进行系统性压迫和统治的制度化政权，应处五年以上十五年以下监禁：

（一）对他人造成严重身体伤害（第八十四条第一款）；

（二）违反国际法，严重剥夺他人人身自由；或者

（三）基于政治、种族、民族、族裔、文化或宗教原因，基于性别或国际法上认为不允许的其他理由，通过剥夺或严重限制某一可识别群体或集体的基本人权，对该群体进行迫害。

第三百二十一b条[①]　对人的战争罪

一、任何人在武装冲突中杀害（第七十五条）受国际人道主义法保护的人的，应处终身监禁。

---

① 第三百二十一b条由列支敦士登法律公报2019年第124号增加。

二、任何人在武装冲突情况下，将根据国际人道主义法受到保护的人作为人质的，应处十年以上二十年以下监禁。但如果该行为导致被害人死亡，则应处十年以上二十年以下监禁或终身监禁。

三、任何人，在武装冲突情况下，实施下列行为的，应处五年以上十五年以下监禁，但如果该行为导致被害人死亡，则应处十年以上二十年以下监禁或终身监禁：

（一）对在其羁押之下或以其他方式受其控制的、受国际人道主义法保护的人造成身体或精神上的巨大痛苦或折磨，但这种痛苦或折磨不仅是由法律制裁引起的，也不仅仅是法律制裁所固有的或附带的；或者

（二）强奸（第二百条）或性侵犯（第二百零一条）受国际人道主义法保护的人，强迫该人卖淫（第一百零六条第一款第三项），剥夺他人的生育能力（第八十五条第一款），或为了影响人口的种族构成，将因使用武力怀孕的女性予以禁闭。

四、任何人，在武装冲突情况下，实施下列行为的，应处一年以上十年以下监禁；如果该行为导致被害人死亡的，应处五年以上十年以下监禁：

（一）对受国际人道主义法保护的人造成巨大的身体或精神上的痛苦或严重的身体伤害（第八十四条第一款）。

（二）征募十五岁以下的人加入武装部队，或者征募十八岁以下的人加入武装团体，或利用十八岁以下人员积极参与敌对行动。

（三）将全部或部分平民驱逐或强行转移到另一地区，或导致此类驱逐或转移，除非是出于保护平民的安全或迫在眉睫的军事原因所需的临时转移。

（四）对受国际人道主义法保护的人施加或强制执行相当严厉的惩罚，而事先没有在公平和依法进行的审判中对受保护的人作出判决，从而提供国际法所要求的法律保障。

（五）通过下列任何行为，使冲突另一方掌权的受国际人道主义法保护的人面临死亡或严重损害其健康的风险，即使在该人同意的情况下：

1. 对该人进行医学上不必要、也不符合该人利益的实验；

2. 为移植目的，从该人身上移除组织或器官，除非这涉及为治疗目的提取

血液或皮肤,符合普遍接受的医学原则并且该人先前自愿且明确表示同意;或者

3. 以任何其他方式使该人接受不符合其健康状况或不符合公认的医学原则的医疗程序。或者

(六)以严重羞辱或有辱人格的方式对待受国际人道主义法保护的人。

五、任何人,在与国际武装冲突有关的情况下,实施下列行为的,应处一年以上十年以下监禁:

(一)非法绑架或囚禁(第九十九条)或无正当理由拖延遣返受国际人道主义法保护的人;

(二)作为占领方的一员,将其本国部分平民转移到被占领领土,或将被占领领土的全部或任何部分人口驱逐或转移到该领土之内或之外;

(三)胁迫(第一百零五条)受国际人道主义法保护的人在敌对国家的武装部队服役;或者

(四)胁迫(第一百零五条)敌对方的国民参与针对其本国的战争行动。

六、受国际人道主义法保护的人应为《关于保护战争受难者的日内瓦公约》(见列支敦士登法律公报1989年第18号至第21号)及其第一和第二附加议定书[《日内瓦四公约关于保护国际性武装冲突受难者的附加议定书》(第一议定书),包括保留、声明和附件,以及《日内瓦四公约关于保护非国际性武装冲突受难者的附加议定书》(第二议定书),包括保留,见列支敦士登法律公报1989年第62号和第63号]所指的受保护的人。特别是受伤、生病、遭遇海难、武装部队成员和无条件投降或以其他方式退出战斗的敌对一方武装部队成员和战斗人员、战俘和平民,只要后者不直接参与敌对行动。

第三百二十一c条[①] 侵犯财产和其他权利的战争罪

任何人,在武装冲突情况下,实施下列行为的,应处一年以上十年以下监禁:

(一)掠夺,或除了武装冲突的需要外,以违反国际法的其他任何方式,大

① 第三百二十一c条由列支敦士登法律公报2019年第124号增加。

规模破坏、侵占或夺取敌对一方或其国民的财产；

（二）大规模破坏或侵占《关于发生武装冲突时保护文化财产的公约》所界定的文化财产（见列支敦士登法律公报 1960 年第 17/1 号）；或者

（三）违反国际法，指示将敌对一方所有或部分国民的权利和行动予以取消或中止或在法庭上不予认可。

第三百二十一 d 条[①] 危害国际任务的战争罪和不当使用特殊的国家标志

一、任何人，在武装冲突情况下，实施下列行为的，应处一年以上十年以下监禁：

（一）指挥对根据《联合国宪章》参与人道主义援助或维持和平任务的人员、设施、物资、单位或车辆发动袭击，只要他们有权获得国际人道主义法规定的对平民或民用物体的保护；或者

（二）指挥对人员、建筑物、物资、医疗单位或医疗运输的袭击，而被袭击者根据国际人道主义法，使用了《关于保护战争受难者的日内瓦公约》或其第一和第二附加议定书[《日内瓦四公约关于保护国际性武装冲突受难者的附加议定书》（第一议定书），包括保留、声明和附件，以及《日内瓦四公约关于保护非国际性武装冲突受难者的附加议定书》（第二议定书），包括保留]和《日内瓦公约关于采纳一个新增特殊标志的附加议定书》（第三议定书）（见列支敦士登法律公报 2007 年第 32 号）中规定的特殊标志。

二、任何人，在武装冲突情况下，不当使用《关于保护战争受难者的日内瓦公约》或其第三号议定书所承认的特殊标志、停战旗或旗帜、敌对方、中立国或未卷入冲突的其他国家或联合国的军徽或制服，并且在这样做时，造成他人死亡或对他人造成严重伤害（第八十四条第一款）的，应处五年以上十五年以下监禁。但如果该行为导致他人死亡，则应处十年以上二十年以下监禁。

第三百二十一 e 条[②] 使用违禁作战方法的战争罪

一、任何人，在武装冲突情况下，实施下列第一项至第十项所述行为的，应

---

① 第三百二十一 d 条由列支敦士登法律公报 2019 年第 124 号增加。

② 第三百二十一 e 条由列支敦士登法律公报 2019 年第 124 号增加。

处一年以上十年以下监禁；实施下列第十一项所述行为的，应处五年以上十五年以下监禁：

（一）指挥对平民的袭击，或对未直接参与敌对行动的平民个人的袭击；

（二）指挥对民用物体的攻击，包括文化财产，只要它们受国际人道主义法的保护；

（三）对不设防地点或非军事区域发动攻击；

（四）使用加强保护的文化财产或其周围环境支持任何军事行动；

（五）实施攻击时，该人员明知（第五条第三款）该攻击将导致平民死亡或受伤或民用物体损坏，其规模与预期的具体和直接的总体军事优势不成比例；

（六）对水坝、堤坝和核电站实施攻击（除第二项所界定的民用物体以外），并且行为人明知（第五条第二款）攻击将造成平民死亡或受伤，或民用物体损坏，其规模与预期的具体和直接的总体军事优势不成比例；

（七）实施攻击并知道攻击将对自然环境造成广泛、长期和严重的破坏；

（八）使用受国际人道主义法保护的人员（第三百二十一 b 条第六款）作为盾牌，防止敌方对某些目标采取军事行动；

（九）违反国际人道主义法，将平民挨饿作为战争方法，剥夺他们生存所必需的物品或阻碍救济物资；

（十）作为上级（第三百二十一 g 条第二款）向受其有效指挥或授权和控制的下属宣布不予赦免；或者

（十一）奸诈地杀害或伤害敌方武装部队的成员或敌对方战斗人员。

二、如果第一款第一项至第十项所述的任何行为导致受国际人道主义法保护的人员（第三百二十一 b 条第六款）受到严重伤害（第八十四条第一款），则对行为人应处五年以上十五年以下监禁。但如果该行为导致任何此类人员死亡，则应处十年以上二十年以下监禁。

第三百二十一 f 条①　使用违禁作战手段的战争罪

一、任何人，在武装冲突情况下，实施下列行为的，应处一年以上十年以下

---

①　第三百十二一 f 条由列支敦士登法律公报 2019 年第 124 号增加。

监禁：

（一）使用毒药或有毒武器；

（二）使用生物或化学武器；或者

（三）使用在人体内容易膨胀或变形的子弹，特别是没有完全包密铁心的硬壳子弹或有切口的子弹。

二、如果该行为导致他人严重身体伤害（第八十四条第一款），则行为人应处五年以上十五年以下监禁。但如果该行为造成他人死亡，或者所使用的手段（第一款）是为大规模杀伤而设计且能够造成大规模杀伤，则应处十年以上二十年以下监禁。

第三百二十一 g 条[①] **作为上级的责任**

一、任何人如果作为上级（第二款）未能阻止在其有效指挥或授权和控制下的下属实施本章所述任何行为，应受到处罚，如同该人是下属所实施行为的行为人一样。

二、上级是指军事或文职上级，以及虽不是军事或文职上级但在部队、文职组织或公司中行使有效权力和控制的人员。

第三百二十一 h 条[②] **违反监督职责**

一、上级（第三百二十一 g 条第二款）没有在对受其有效指挥或授权和控制的下属进行适当监督，如果下属实施了本章所述的任何行为，并且该上级能够察觉到即将发生的此类行为，并且其本可以阻止此类行为，则对该上级应处六个月以上五年以下监禁。

二、任何人作为上级（第三百二十一 g 条第二款）因疏忽实施了第一款规定的应受惩罚行为的，应处三年以下监禁。

第三百二十一 i 条[③] **不报告犯罪**

上级（第三百二十一 g 条第二款）如果不立即报告本章所述行为，且该行

① 第三百二十一 g 条由列支敦士登法律公报 2019 年第 124 号增加。

② 第三百二十一 h 条由列支敦士登法律公报 2019 年第 124 号增加。

③ 第三百二十一 i 条由列支敦士登法律公报 2019 年第 124 号增加。

为是由负责调查或起诉任何此类行为的当局下属实施的，对该上级应处六个月以上五年以下监禁。

第三百二十一 k 条[①]　根据命令或其他指令行事

如果行为人在执行军事命令或具有同等约束力的任何其他指令时实施该行为，则行为人不应因第三百二十一 b 条至第三百二十一 i 条中所述的任何行为而受到处罚，前提是行为人没有意识到该命令或指令是非法的，且其非法性并不明显。

第三百二十一 l 条[②]　侵略罪

一、任何人能够有效控制或指挥一国的政治或军事行动，并且发起或实施侵略行为，其性质、严重性和规模明显违反《联合国宪章》的，应处十年以上二十年以下监禁。

二、任何人在第一款规定的条件下策划或准备任何此类侵略行为的，应处五年以上十年以下监禁。

三、就第一款而言，“侵略行为”系指一国使用武装部队侵犯另一国的主权、领土完整或政治独立，或以不符合《联合国宪章》的任何其他方式使用武装部队。

---

① 第三百二十一 k 条由列支敦士登法律公报 2019 年第 124 号增加。

② 第三百二十一 l 条由列支敦士登法律公报 2019 年第 124 号增加。

第三编

附　则[①]

① 第三百二十二条之前的标题由列支敦士登法律公报 2019 年第 124 号增加。

第三百二十二条　生效[①]

本法自1989年1月1日起生效。

① 第三百二十二条的标题由列支敦士登法律公报2019年第124号增加。